MARCO POLO

MÜNCHEN

Reisen mit

Insider-Tipps

Diese Tipps sind die ganz speziellen Empfehlungen unserer Autoren. Sie sind im Text gelb unterlegt.

Fünf Symbole sollen Ihnen die Orientierung in diesem Führer erleichtern:

★

für Marco Polo Tipps – die besten in jeder Kategorie

für alle Objekte, bei denen Sie auch eine schöne Aussicht haben

für Plätze, wo Sie bestimmt viele Einheimische treffen

für Treffpunkte für junge Leute

(110/A1)
Seitenzahlen und Koordinaten für den Cityatlas München
(U/A1) *Koordinaten für die Übersichtskarte im vorderen Umschlag*
(O) *außerhalb des Kartenausschnitts*
Zu Ihrer Orientierung sind auch die Objekte mit Koordinaten versehen, die nicht im Cityatlas eingetragen sind.

Diesen Führer schrieb Karl Forster. Er ist in Niederbayern geboren und lebt seit über 25 Jahren in München. Dort ist Forster Reporter bei der Süddeutschen Zeitung.

Die Marco Polo Reihe wird herausgegeben von Ferdinand Ranft.

Die aktuellsten Insider-Tipps finden Sie im Internet unter www.marcopolo.de

MAIRS GEOGRAPHISCHER VERLAG

MARCO POLO

Für Ihre nächste Reise gibt es folgende Titel dieser Reihe:

Ägypten • Alaska • Algarve • Allgäu • Amrum/Föhr • Amsterdam • Andalusien • Antarktis • Argentinien/Buenos Aires • Athen • Australien • Azoren • Bahamas • Bali/Lombok • Baltikum • Bangkok • Barbados • Barcelona • Bayerischer Wald • Berlin • Berner Oberland • Bodensee • Bornholm • Brasilien/Rio • Bretagne • Brüssel • Budapest • Bulgarien • Burgund • Capri • Chalkidiki • Chicago und die Großen Seen • Chiemgau/Berchtesgaden • Chile • China • Costa Blanca • Costa Brava • Costa del Sol/Granada • Costa Rica • Côte d'Azur • Dalmat. Küste • Dänemark • Disneyland Paris • Dolomiten • Dominik. Republik • Dresden • Dubai/Emirate/Oman • Düsseldorf • Ecuador/Galapagos • Eifel • Elba • Elsass • Emilia-Romagna • England • Erzgebirge/Vogtland • Finnland • Flandern • Florenz • Florida • Franken • Frankfurt • Frankreich • Franz. Atlantikküste • Fuerteventura • Gardasee • Golf von Neapel • Gomera/Hierro • Gran Canaria • Griechenland • Griech. Inseln/Ägäis • Hamburg • Harz • Hawaii • Heidelberg • Holland • Holl. Küste • Hongkong • Ibiza/Formentera • Indien • Ionische Inseln • Irland • Ischia • Island • Israel • Istanbul • Istrien • Italien • Italien Nord • Italien Süd • Ital. Adria • Ital. Riviera • Jamaika • Japan • Java/Sumatra • Jemen • Jerusalem • Jordanien • Kalifornien • Kanada • Kanada Ost • Kanada West • Kanalinseln • Karibik I • Karibik II • Kärnten • Kenia • Köln • Königsberg/Ostpreußen Nord • Kopenhagen • Korfu • Korsika • Kos • Kreta • Kuba • Languedoc-Roussillon • Lanzarote • La Palma • Leipzig • Libanon • Lissabon • Lofoten • Loire-Tal • London • Los Angeles • Lüneburger Heide • Luxemburg • Macau • Madagaskar • Madeira • Madrid • Mailand/Lombardei • Malaysia • Malediven • Mallorca • Malta • Mark Brandenburg • Marokko • Masurische Seen • Mauritius • Mecklenburger Seenplatte • Menorca • Mexiko • Mosel • Moskau • München • Namibia • Nepal • Neuseeland • New York • Nordseeküste: Niedersachsen mit Helgoland • Nordseeküste: Schleswig-Holstein • Normandie • Norwegen • Oberbayern • Oberital. Seen • Österreich • Ostfries. Inseln • Ostseeküste: Mecklenburg-Vorpommern • Ostseeküste: Schleswig-Holstein • Paris • Peking • Peloponnes • Peru/Bolivien • Pfalz • Philippinen • Phuket • Piemont/Turin • Polen • Portugal • Potsdam • Prag • Provence • Rhodos • Riesengebirge • Rocky Mountains • Rom • Rügen • Rumänien • Russland • Salzburg/Salzkammergut • Samos • San Francisco • Sardinien • Schottland • Schwarzwald • Schweden • Schweiz • Seychellen • Singapur • Sizilien • Slowakei • Spanien • Spreewald/Lausitz • Sri Lanka • Steiermark • St. Petersburg • Südafrika • Südamerika • Südengland • Südsee • Südtirol • Sylt • Syrien • Taiwan • Teneriffa • Tessin • Thailand • Thüringen • Tirol • Tokio • Toskana • Tschechien • Tunesien • Türkei • Türk. Mittelmeerküste • Umbrien • Ungarn • USA • USA: Neuengland • USA Ost • USA Südstaaten • USA Südwest • USA West • Usedom • Venedig • Venetien/Friaul • Venezuela • Vietnam • Wales • Washington D.C. • Weimar • Wien • Zürich • Zypern • Die besten Weine in Deutschland • Die tollsten Musicals in Deutschland

Die Marco Polo Redaktion freut sich, wenn Sie ihr schreiben: Marco Polo Redaktion, Mairs Geographischer Verlag, Postfach 31 51, D-73751 Ostfildern

Unsere Autoren haben nach bestem Wissen recherchiert. Trotzdem schleichen sich manchmal Fehler ein, für die der Verlag keine Haftung übernehmen kann.

Titelbild: Stachus und Frauenkirche (W. Dieterich)

Fotos: Bilderberg: Madej (72); W. Dieterich (4, 9, 12, 23, 29, 45, 102); HB-Verlag, Hamburg (11, 16, 97); L. Hübl (32, 56, 76); Janfot (15); Mauritius: Burger (84), Cash (63), Dietrich (101), Drave (22), Hackenberg (40), Hetz (54), Kabes (7), Kuchlbauer (52), Ley (109), Lindner (24, 39, 42, 89), Mayer (37), Mitterer (66), Otto (78); Transglobe: Stadler (100)

8., aktualisierte Auflage 2000

Chefredakteurin: Marion Zorn
Lektorat: Beatrix Müller
Gestaltung: Thienhaus/Wippermann (Büro Hamburg)
Kartografie Cityatlas © ADAC Verlag, München, Haupka Verlag, Bad Soden; Mairs Geographischer Verlag (Cityplan)

Printed in Germany
Gedruckt auf 100% chlorfrei gebleichtem Papier

INHALT

J.G.MAYER
J.G.MAYER

Entdecken Sie München!

Wir stellen vor: eine Weltstadt mit Herz, mit viel Sinn für Lebensfreude und Amüsement. München zelebriert bayerische Lebensart und gibt sich als Szenetreff

München ist immer beides: Großstadt und Provinz, Metropole und Millionendorf, High-Tech-Bastion und Trachtenwerkstatt, vielfacher deutscher Fußballmeister mit dem FC Bayern und einstiger Arbeiterverein mit dem Bundesligisten TSV 1860 München. Der Dritte im Oberhaus der Bundesliga, die Spielvereinigung Unterhaching, gilt immer noch als Vorstadtclub. München ist Universität und Analphabetismus, Villenvorort und Glasscherbenviertel, Jugendstilarchitektur und Vorstadtsünde, oder, um es andersherum und kulinarisch auszudrücken: Es gibt Weißwurst und Nouvelle Cuisine, Schweinsbraten und Trüffel, Bier und Bloody Mary. München ist eben ambivalent.

Wer München entdecken will, muss sich auf ein Wechselbad einlassen. Er muss mit dem Münchner Grant (das ist, wenn ein Münchner in Ruhe gelassen werden will, und das will er eigentlich immer) genauso rechnen wie mit der sprichwörtlichen Gemütlichkeit, die es, abseits vom touristischen Trampelpfad durch die Stadt, wirklich gibt. Und wer die wichtigste Regel beachtet, die heißt: »Nimm München so, wie es ist«, wird in dieser Stadt eine wunderschöne Zeit verleben, egal ob es regnet, ob die Sonne scheint oder ob Föhn ist (darauf kommen wir noch).

Wen die technischen Daten und ein paar historische Eckpfeiler nicht interessieren, der mag getrost die nächsten Absätze überspringen und sie sich für später aufheben. Denn natürlich kann man München auch für sich selbst erobern. Doch ein paar Details möchten wir Ihnen nicht vorenthalten. München ist die Hauptstadt des Freistaates Bayern, drittgrößte Stadt der Bundesrepublik, liegt 478 Meter über dem Meeresspiegel (am Hauptbahnhof), hat über 1,2 Millionen Einwohner, die wenigsten Rauschgifttoten der deutschen Großstädte, eine weit unter dem Durchschnitt liegende Arbeitslosenquote, angeblich die meisten Multimillio-

Der Fischbrunnen auf dem Marienplatz

näre, immer noch zu wenig Live-Bühnen für die Musik junger Leute, dafür hochsubventionierte Edelkultur von Oper über Ballett bis Sprechbühne, ein teures U-Bahnsystem, die gute alte Trambahn, 3600 zentral organisierte Taxis, fünf Tageszeitungen und mit dem Bayerischen Rundfunk einen der großen Sender der ARD. München ist, bis auf kurze Intervalle, traditionell von der SPD regiert, also eine rote Bastion im sonst so »schwarzen« Bayern. Die Stadt hat 25 Bezirke, 24 Polizeireviere und die größte Ärztedichte der Bundesrepublik. Dazu kommen vier städtische Krankenhäuser, zwei komplette Universitätskliniken und eine Unzahl von Privatkliniken. Apropos Universität: München ist mit seinen über 100 000 Studenten eine der größten Akademikerschmieden Deutschlands. Viele Studiosi leiden unter den enorm hohen Mieten – auch hier ist München in Deutschland Spitze.

Historisch gesehen hat München gegenüber den anderen beiden bayerischen Großstädten Augsburg und Regensburg einen kleinen Makel: Es war kein Siedlungsort der Römer, die unter Cäsar in diese Gegend einmarschiert sind. Doch haben hier Menschen schon im Neolithikum, also in der Jungsteinzeit, gelebt und Spuren hinterlassen. Die Kelten trieben sich dann im 6. Jahrhundert in der Gegend herum, und im 10. Jahrhundert befanden Mönche vom Tegernsee, dass diese Gegend ideal zum Besiedeln sei. Also ließ man sich in »Munichen« nieder, und seither ziert das Stadtwappen ein Mönch, im schwarzen Habit mit Goldrand. (Dass das Münchener Kindl als Stadtmaskottchen ebenfalls im Mönchsgewand steckt, ist ein ganz und gar unklerikaler Scherz der Geschichte.)

Der Welfe Heinrich der Löwe, Herzog von Sachsen und Bayern, beschloss 1158, dem Bischof von Freising einen Streich zu spielen: Er ließ die dortige Zollbrücke über der Isar zerstören und errichtete eine neue isaraufwärts in Munichen. Markt und Münze kamen hinzu, München war gegründet. Schon gut dreißig Jahre später wurde Heinrich geächtet und die Stadt zur Residenz der Wittelsbacher (1255), deren Einfluss bis heute spürbar ist und deren Nachfahren hier noch zu Hause sind. Noch ein paar Daten im Schnell-

Presse

Fünf Tageszeitungen hat die Stadt zu bieten. Süddeutsche Zeitung: bundesweit die Nummer eins der Abonnements-Tageszeitungen, liberal, ein bisschen schwerfällig, ab und zu versteckt pfiffig und donnerstags mit der Kulturbeilage SZ-Extra höchst touristenfreundlich; Abendzeitung: Deutschlands bestes Boulevardblatt, linksliberal, frech und flapsig; tz: regional orientierte Boulevardzeitung mit Touch ins Provinzielle; Münchner Merkur: einst angesehenes, konservatives Blatt. Jetzt nur noch konservativ; Bildzeitung: hier wird scharf geschossen und oft danebengetroffen.

durchlauf: 1632 besetzt Gustav Adolf von Schweden die Stadt im Zuge des Dreißigjährigen Krieges. 1634 sterben über 7000 Menschen an der Pest, das war ein Drittel der Bevölkerung. Die Österreicher sind hier kurzzeitig Herren während des Spanischen Erbfolgekrieges, hundert Jahre später, im Jahr 1800, wird München von den Franzosen eingenommen.

Doch sechs Jahre darauf wird Bayern Königreich und München Sitz der Verwaltung. 1857 ist ein denkwürdiges Jahr: In der »Gaststätte zum ewigen Licht« wird die Weißwurst erfunden.

Im 20. Jahrhundert spielt München keine sehr rühmliche Rolle. Zwar startet Kurt Eisner hier 1918 die Novemberrevolution, doch findet 1923 in München der erste nationalsozialistische Putschversuch statt, diesmal noch ohne Erfolg. Der kam dann später, und München wurde zur Hauptstadt der braunen Bewegung. Traurige Berühmtheit erlangte die Stadt durch das Scheitern des Attentats auf Hitler und durch die Hinrichtung der Geschwister Scholl und weiterer Mitglieder der Widerstandsbewegung »Weiße Rose«. Während des Zweiten Weltkrieges wurde halb München zerbombt.

Und noch einmal kommt München weltweit aus schrecklichem Anlass in die Schlagzeilen: 1972, während der Olympischen Sommerspiele, scheitert der Befreiungsversuch jener israelischen Sportler, die von arabischen Terroristen gekidnappt worden waren, durch Spezialeinheiten der Polizei. Die Bilanz: siebzehn Tote, darunter fünf Terroristen. Die »fröhlichen

Der Alte Peter und ein traditioneller bayerischer Maibaum

Spiele« waren vorbei, auch wenn es dann hieß: »The games must go on«.

Um München zu verstehen, muss man nicht unbedingt die (oft recht kritischen) Liebeserklärungen lesen, die große Dichter wie Theodor Fontane, Heinrich Heine, Gottfried Keller oder Frank Wedekind verfasst haben. Man muss auch nicht unbedingt Thomas Manns Meistererzählung »Gladius Dei« zu Rate ziehen, der das vielfach geschundene Zitat »München leuchtete«, umgewandelt ins Präsens und tausendfach auf Medaillen geprägt, entlehnt ist. Obwohl der kleine Schlenker des detailversessenen Schriftstellers, dass die Mädchen von München ein bisschen zu große Füße haben, wirklich sehr gelungen ist.

München ist Gott sei Dank nicht nur Oktoberfest. München ist auch ein gewisses Lebensgefühl, und zwar ein sehr vielschichtiges. Berühmt berüchtigt ist die hier ansässige Bussi-Bussi-Gesellschaft. Das Schicki-micki-Volk hat einen idealen Humus gefunden. Der Mode zahnarzt, der Starverteidiger, die

Skandalwitwe, die TV-Moderatorin, sie alle treffen sich allabendlich auf Parties oder in den Szenelokalen, und tags darauf berichten die Klatschreporter, wer mit wem warum wo, wie und wann oder warum nicht. Dazu kommt eine Heerschar Beauties beiderlei Geschlechts, deren Hauptberuf es ist, Papis Schecks durchzubringen. Man sieht sie in der Diskothek P1, wenn man überhaupt dort reinkommt (justitiabel war unlängst der Fall, als ein Porschefahrer am Türsteher scheiterte, obwohl er an der Bar eine eigene Whiskey-Flasche dauerreserviert hatte). Man sieht sie im Nachtcafé oder früh am Morgen um 15 Uhr im Forum beim Frühstück. Je schriller, desto »schicker«.

Konträr dazu ist der Münchner Edel-Bayer. Er trägt den Loden wie den Zobel, spricht den Dialekt mit vornehmer Distanz und schmückt ihn mit Fremdwörtern. Er speist die Weißwurst mit gespreiztem Finger, gibt wenig Trinkgeld und hat ein Opernabonnement. Dieser Münchner macht sich rar, was nicht besonders schade ist.

Dann gibt es den sogenannten »Zuagroasten«. Das ist ein Münchner, der keiner ist, weil er aus dem »Ausland«, aus Nordrhein-Westfalen etwa, stammt. Trotz zwanzig Jahren München-Lebens wird er nie ein Münchner, auch wenn er einen noch so schönen Gamsbart am Hut trägt, auch wenn die Charivari-Ketten an der gewichsten Lederhose noch so schön klimpern und die Haferlschuhe blitzen wie die schwarzen Äugerl eines jungen Mädchens. Ein Preiß bleibt eben ein Preiß, auch wenn zur Münchner Lebensweisheit der Spruch gehört: »Leben und leben lassen«. Aber alles hat schließlich seine Grenzen.

Und dann gibt es natürlich auch noch den richtigen Preiß (Preußen). Zu dieser bedauernswerten Gesellschaft gehören alle, die nicht Bayern sind, also Frankfurter, Hamburger, Japaner, Indianer, Eskimos und so weiter. Der Preiß zeichnet sich dadurch aus, dass er alles besser weiß und dieses auch immer kundtut. Er hält sich für klüger, gebildeter, schöner, schlauer, schneller, schlicht: für besser. Damit kann der Münchner schon leben, er muss es den Preißn nur ab und zu spüren lassen, dass selbiger hier ein Fremdling ist. Und es gibt nur eine einzige Katastrophe: Wenn ein Preiß auf den Sprachhürdenscherz »Sagns amoi Oachkatzlschwoaf« lupenrein mit »Oachkatzlschwoaf« antwortet. Ein

Die Marco Polo Bitte

Marco Polo war der erste Weltreisende. Er reiste in friedlicher Absicht, verband Ost und West. Er wollte die Welt entdecken, fremde Kulturen kennen lernen, nicht zerstören. Könnte er heute für uns Reisende nicht Vorbild sein? Aufgeschlossen und friedlich sollte unsere Haltung auf Reisen sein. Dazu gehören auch Respekt vor Mensch und Tier und die Bewahrung der Umwelt.

WWF

Ein besonderes Vergnügen: Eine Kutschpartie durch den Englischen Garten

Preiß, der Bayerisch kann, das geht zu weit.

Fast hätten wir nun den Münchner schlechthin vergessen. Er ist, innerhalb der bayerischen Sippe, nicht unumstritten und ein wenig beneidet. Die Leute draußen auf dem Land nennen ihn leicht verächtlich »Städter«, auf bayerisch »Stodara«. Und der Passauer Kabarettist Sigi Zimmerschied, ein wahrer Meister des scharfen bayerischen Wortes, sagt über ihn: »Da Münchner is no so vui Bayer, dass er 's Maul halten möcht, und so viel Preiß, dass er sein Schmarrn dann doch nausredt.« Doch das ist nur die eine Seite, und die auch noch von außerhalb betrachtet. Der Münchner ist, wenn man das überhaupt verallgemeinern darf, ein eher geruhsamer Mensch. Er sitzt gerne vor seinem Weißbier und denkt nach: über Gott, die Welt, den FC Bayern und die Steuererklärung. Er ist nicht unbedingt kontaktfreudig, und es ist wohl eine der höchsten Auszeichnungen, wenn er es einem Fremden gestattet, an seinem Tisch Platz zu nehmen. Das klingt jetzt ein bisschen klischeehaft. Aber der Münchner lässt sich schwer in ein paar Zeilen pressen.

Der Tourist findet Münchner natürlich auch im Hofbräuhaus. Die werden dort ausgestellt. Und wenn der Besucher meint, unbedingt dort reingehen zu müssen, nur weil das Lied es befiehlt, dann soll er's. Doch es ist empfehlenswerter, sich eines der kleinen Wirtshäuser zu suchen, die in den Seitengassen angesiedelt sind. Oder man stelle sich neben eines der Open-air-Schachbretter, im Park bei der Technischen Universität oder an der Münchner Freiheit. Dort wird jeder Zug intensiv diskutiert, und eine bessere Möglichkeit, um ins Gespräch zu kommen, findet sich kaum. Denn beim Kartenspielen am Stammtisch darf man nun wirklich nicht stören. Auch wenn man Skat kann, was dem bayerischen »Schafkopfen« (kommt nicht von Schaf, sondern von schaffen) ähnlich ist. Die Kunst des Spieles namens »Wattn« ist ohnehin viel zu kompliziert für einen Fremden, denn hier wird auch mit Ohren, Schulterzucken und dezenten Fingerbewegungen gespielt – aber das führt nun wirklich zu weit.

Und wie sieht der Münchner seine Stadt? Gegenüber einem Fremden wird er sie mit Zähnen und Klauen verteidigen. Es gibt ja das beliebte Medienspielchen, in dem in schöner Regelmäßigkeit irgendein Hamburger Magazin oder eine Berliner Zeitung wieder auf die Stadt an der Isar einprügelt. Dann werden in München die Federn gespitzt zum Gegenschlag, werden die Giftpfeile aus dem Köcher des Wortwitzes, die Florette aus den Arsenalen der Bosheit geholt. Bayerisch hat einen reichen Schatz an heimtückischen Worten. Und der Dialekt erlaubt rüdeste Scherzchen, weil er ja so gemütlich klingt. Da sagt der Münchner schon einmal, man dürfe ja keinen angereisten Preußen erschlagen, denn dann kämen hundert zur Beerdigung und 99 blieben da. Es braucht schon ein bisschen Humor, um das zu verstehen.

Es ist vielleicht nun auch Zeit, Münchens neues Verhältnis zur neuen Bundeshauptstadt etwas zu beleuchten. Bevor die Regierung nach Berlin zog, hatte München das auch von Münchnern durchaus geschätzte Attribut »heimliche Hauptstadt«. Vor allem, als Unter den Linden oder der Gendarmenmarkt noch zu »drüben« gehörte, war sich der Münchner gewiss, in der schönsten Stadt der Republik zu leben. Und man darf es ihm schon recht hoch anrechnen, wie klaglos er sich damit abgefunden hat, dass nun Schluss ist mit der heimlichen Hauptstadt. So soll der Berliner nun glücklich werden mit seiner neuen Rolle. »Kellnerin, no a Maß! Prost! Auf Berlin.«

Unter seinesgleichen tut der Münchner aber, was der Bayer am liebsten tut: rumnörgeln. Ein Beispiel nur: Verkünden die Stadtpolitiker, sie wollen die Innenstadt für Autos sperren, poltert der Münchner los, dass die narrisch seien und er schließlich zum Einkaufen das Auto brauche und überhaupt: Wo bleibt da die Freiheit des Bürgers? Sagt dagegen die Konkurrenzfraktion, der Verkehr müsse flüssiger werden und will den Mittleren Ring dafür untertunneln, schimpft der Bürger, dass er ohnehin schon genug unter den Abgasen leide und was das denn für eine Zukunftspolitik sei. Man sieht, den Münchner zu regieren ist gar nicht so einfach.

Für den Besucher empfiehlt es sich, das Auto am Stadtrand oder in der Hotelgarage zu lassen. Denn Parkplätze in der Innenstadt sind selten wie ein fünfblättriges Kleeblatt. Und wer falsch parkt, wird gnadenlos abgeschleppt oder bekommt zumindest ein schmerzhaft teures

Knöllchen. Was aber ist nun dem Touristen zu empfehlen, damit er einen ersten, möglichst typischen Eindruck von der Stadt bekommt? Erster Rat: Keine Hektik! Wer mit dem Zug kommt, sollte vielleicht durch den Alten Botanischen Garten runter zum Promenadeplatz wandern, weiter über den Marienplatz, hinter dem Rathaus vorbei, zur Maximilianstraße, nach Norden in die Residenzstraße einbiegen und sich erst in den Pfälzer Weinprobierstuben vom ersten Eindruck erholen.

Oder man fährt mit der U-Bahn raus zum Olympiagelände und rauf auf den Turm. Einen schöneren Blick auf die Stadt und die Alpen, besonders bei Föhn, gibt es nicht. Halt, jetzt müssen wir noch kurz auf dieses Stichwort eingehen. Föhn, das ist – oberflächlich betrachtet – nur ein stürmischer, warmer Südwind, der die längst vorhergesagte Kaltfront von München fernhält. Doch wenn der Föhn bläst, ist ganz München im Zustand der Unzurechnungsfähigkeit. Autofahrer düsen wie auf der Flucht vor dem Teufel bei Rot über die Kreuzung, Kellnerinnen sind so grantig, dass das Bier schal wird, Chefs werden unerträglich, Sekretärinnen auch. Föhn ist die windigste Entschuldigung überhaupt, aber sie gilt.

Doch zurück zum ersten Besuchstag. Wenn man Münchner Luft atmen, diese ganz besondere Atmosphäre einsaugen will, dann sollte man in den Biergarten vom Augustiner gehen, hinter dem Bayerischen Rundfunk an der Arnulfstraße. Im Schatten der Kastanien bringt eine freundliche (!) Kellnerin ein kühles Weißbier, dazu irgendwas Feines, Bayerisches zum essen (Wie wär's mit einem Lüngerl mit Semmelknödel?). Von Ferne tost der Großstadtverkehr, doch hier ist eine Oase des Friedens, des stillen Glücks. Und egal, woher man kommt, ob aus New York oder Hamburg, aus Teisendorf oder Rom, dann ist man froh, in München zu sein.

Münchens kurzer, aber prächtiger Boulevard: die Maximilianstraße

Was schauen wir an?

München ist nicht nur eine Stadt für ein paar Stunden – die Schönheit und Vielfalt erschließt sich dem Besucher erst nach ausgiebigem Genuss und Erleben

Eines der beliebtesten Motive der Münchner Pressefotografen steht alltäglich um elf Uhr auf dem Marienplatz: der Münchenbesichtiger. Bewaffnet mit Kamera oder Videokamera wartet er hier, eingequetscht zwischen seinesgleichen, und besichtigt Münchens Markenzeichen (pardon, eines von Münchens Markenzeichen), das Glockenspiel am Neuen Rathaus. Es sind dies meist Touristen, die im Schnellverfahren durch Bayerns Hauptstadt gelotst werden, nach dem Motto »make Munich in three hours« – München in drei Stunden erleben.

Wer München nicht nur besichtigen, sondern anschauen will, möge sich ein Gebot auf den Stadtplan schreiben: Lass dir Zeit! Man sollte, um nicht nur einen oberflächlichen Eindruck zu bekommen, Münchens liebenswerte Details auf sich wirken lassen – und sie vor allem im Zusammenhang mit der Umgebung, der Geschichte, den Menschen betrachten.

Wer vor der Asamkirche in der Sendlinger Straße steht und nur noch Augen hat für prächtiges Rokoko, dem entgeht, in welcher Welt des schnellen Geldes dieser Tempel der gottgläubigen Nachdenklichkeit steht. Wer staunenden Auges das supermoderne Hypo-Hochhaus in Bogenhausen bewundert, möge bedenken, dass ein paar Meter weiter das Arabella-Hochhaus steht, in den Siebzigerjahren Münchens berüchtigtes Selbstmörderhochhaus; hier sprangen Leute vom Dach, die die Anonymität der Betongroßstadt nicht mehr ertragen konnten.

Es ist gewiss sinnlos, sich die gesamte Residenz in zwei Tagen erobern zu wollen. Ein Abend im Brunnenhof, bei einem der feierlich-klassischen Sommerkonzerte, ein Nachmittag im Theatron des Olympiageländes bei den Rockmusikern, ein früher Morgen bei den Marktfrauen auf dem Viktualienmarkt, ein Besuch im Nymphenburger Park mit einer kundigen Biolo-

Das Nymphenburger Schloss mit seinem Barockgarten. Er zählt zu den berühmtesten deutschen Gärten dieser Art

gin, eine Hochzeit in der Theatinerkirche am späten Samstag – das ist München.

Doch auch die Leopoldstraße bei Nacht, das bunte Treiben der viel zu teuren Straßenhändler auf der östlichen Straßenseite, das Sehen-und-gesehen-werden-Gehabe der »beautiful people« in der »Reitschule« oder in einem der Straßencafés ist München. Flanieren entlang der Edelboutiquen der Maximilianstraße, Joggen durch den Englischen Garten, Spazieren durch den Botanischen Garten – das alles ist München.

Und wer dann, nach getaner Besucherarbeit, bei einem Glas Weißbier die Fülle der Eindrücke noch einmal Revue passieren lässt, dem wird sich die Vielfalt und Schönheit dieser Stadt tief ins Herz graben. Denn München anschauen heißt sich München ausliefern und es in vollen Zügen genießen.

GEBÄUDE UND SEHENSWÜRDIGKEITEN

Altes Rathaus **(124/C 4)**
Tipp für Verliebte: Die bronzene »Julia« an der Südseite des über 500 Jahre alten, oft zerstörten und zuletzt nach dem Krieg nicht mehr ganz originalgetreu wieder errichteten Alten Rathauses ist ihre Schutzpatronin. Sie waltet, so will's der Volksmund, besonders aufmerksam, wenn man ihr ein paar Blumen zusteckt. Der Ballsaal mit seinem imposanten hölzernen Tonnengewölbe dient noch heute repräsentativen Empfängen.

MARCO POLO TIPPS FÜR BESICHTIGUNGEN

1 Asamkirche
Beeindruckender Barock (Seite 19)

2 Fernsehturm auf dem Olympiagelände
Bei Föhn muss man rauf (Seite 25)

3 Glockenbachviertel
Altmünchen mit Kunst gemischt (Seite 26)

4 Nymphenburg
Prunk und Pracht des Hauses Wittelsbach (Seite 17)

5 Residenz
Die Herzkammer Bayerns (Seite 18)

6 Müllersches Volksbad
Münchens begehrtestes Immobilienobjekt mit Türkischem Bad (Seite 16)

7 Tierpark Hellabrunn
Affengeil (Seite 25)

8 Maximilianstraße
Für pralle Geldbeutel und goldene Kreditkarten (Seite 31)

9 Bavaria-Filmgelände
Und rein ins U-Boot vom »Boot« (Seite 15)

10 Chinesischer Turm im Englischen Garten
Bier mit Punks und Promis (Seite 23)

Die berühmten Moriskentänzer allerdings sind nicht echt: Die Originale stehen im Stadtmuseum. Nur zu öffentlichen Anlässen zugänglich. *U-S-Bahnhof Marienplatz*

Bavaria-Filmgelände (O)
★ Wer mit Kindern reist, darf das »Hollywood an der Isar« nicht versäumen. Auf dem 3,5 Quadratkilometer großen Gelände im Südosten Münchens, zwischen der Stadt und Grünwald gelegen, findet seit 1919 deutsche Filmgeschichte statt. Hier haben die Großen der Zelluloidhistorie gedreht: Orson Welles, Alfred Hitchcock, Billy Wilder. Die Lollobrigida stand hier vor der Kamera ebenso wie Liz Taylor oder Romy Schneider. Auf den regelmäßigen Führungen der Bavaria stehen der Besuch des U-Boot-Modells aus dem Buchheim-Film »Das Boot« ebenso auf dem Programm wie die Trickfiguren aus der »Unendlichen Geschichte« und »E. T.«. Eine VIP-Tour (Termine auf Anfrage) bietet noch spezielle Einblicke ins Cineasten-Dasein mit Stunts, Effektendemonstrationen und schon mal einem Empfang mit lokalen Filmgrößen. *Bavaria Film-Tour: 1. März–31. Okt. 8.30–17 Uhr, 1. Nov.–28. Feb. 10–15 Uhr, Tel. 64 99 23 04, Bavariafilmplatz 7, Tram 25*

Hypo-Verwaltungsgebäude (O)
Neben dem Kleeblatt, dem BMW-Hochhaus, ist dies Münchens einzige ernstzunehmende architektonische Neukonstruktion nach dem Olympiagelände. Die Bezeichnung »Münchens einziger Wolkenkratzer« ist bei

»Vierzylinder« ist der ironische Sprachgebrauch für das BMW-Haus

einer Höhe von 114 Metern (ein gutes Drittel des Olympiaturms) ein bisschen kühn. Noch dazu steht, was den Städteplanern zugute zu halten ist, dieses Hochhaus jenseits des Mittleren Rings, also außerhalb des Stadtkerns. Doch hat das Architekturbüro Betz hier mit den eindrucksvoll aneinandergefügten, durch Gürtel an den mächtigen Säulen gehaltenen Prismen Maßstäbe geschaffen für die sonst an moderner Architektur eher arme Stadt München. *Arabellastr. 12, U 4 Arabellapark*

Maximilianeum (125/F 4)
Die offizielle Adresse lautet: Max-Planck-Straße 1. Doch kein Taxifahrer kennt diese Anschrift. Man fährt zum »Maximilianeum«. Im Überschwang des vergangenen Jahrhunderts wollte Maximilian II. eine richtige »Akropolis« ans Ende der Maximilianstraße setzen. Architekt Friedrich Bürklein sorgte für die Erfüllung des Wunsches.

Ursprünglich gedacht als Wohn- und Unterrichtsstätte für besonders begabte bayerische Studenten (die Stiftung – freie Kost und Logis während des Studiums – gibt es für 1,0-Abiturienten immer noch), zogen 1949 hier der Bayerische Landtag und der Senat des Freistaates ein. Nach dem Gesetz ist es zwar jedem Bürger erlaubt, an öffentlichen Sitzungen teilzunehmen, für den Besucher aber ist es empfehlenswert, sich vorher telefonisch nach den Zeiten der Führungen zu erkundigen *Tel. 412 60, U 4/5 Max-Weber-Platz*

Müllersches Volksbad **(125/E 5)**
★ Auch wenn Ihnen der Sinn nicht nach einem erfrischenden Bad steht, sehenswert ist das schöne Jugendstilgebäude auf jeden Fall. Die beiden gewölbten Schwimmhallen sowie Dampfbad und die gekachelten Saunaräume lohnen einen ausgiebigen Besuch in dem prächtigen Gebäude an der Isar. *Rosenheimer Str. 1, Tel. 23 61 34 29, S-Bahnhof Rosenheimer Platz, Tram 18*

Nationaltheater **(125/D 3)**
Bayerns erster König, Max I. Joseph, wünschte sich zu Anfang des vergangenen Jahrhunderts ein Theater nach Vorbild des Pariser Odéon und gab einen entsprechenden Auftrag an den jungen Karl von Fischer. Doch das Unternehmen stand unter einem schlechten Stern: Schon fünf Jahre nach der Einweihung im Jahr 1818 vernichtete ein Großfeuer den stolzen, streng klassizistischen Bau. Leo von Klenze machte sich an die Rekonstruktion, argwöhnisch beobachtet vom Volk. Denn in seinem Aberglauben dachte mancher, dass auf einem Platz, an dem früher die Franziskanermönche gewirkt hatten, ein so profaner Kunsttempel Gotteslästerung sei.

Das Müllersche Volksbad zeigt Jugendstil in seiner schönsten Form

Auch der Zweite Weltkrieg forderte seinen Tribut: Von Klenzes Bau blieb kein Stein auf dem anderen. Doch statt einer modernen Lösung zuzustimmen, entschlossen sich die Stadtväter in Übereinstimmung mit dem Freistaat zur abermaligen Rekonstruktion des klassizistischen Gebäudes. So wird der Max-Joseph-Platz heute dominiert durch das Denkmal des Königs und den griechischen Säulenportikus des Theaters mit seinem versetzten Doppelgiebel. Das prunkvolle Halbrund fasst allerdings nur 2100 Besucher, weniger also als beispielsweise der kleine Circus Krone. Deshalb muss, um das (allerdings von Kritikern heftig umstrittene) Niveau der Inszenierungen zu halten, jeder Sitzplatz mit über 200 Mark pro Aufführung subventioniert werden. Doch hat das Haus auch eine durchaus ehrenwerte jüngere Geschichte: Richard Strauss dirigierte hier beispielsweise viele Uraufführungen, Dirigenten wie Clemens Krauss, Bruno Walter, Hans Knappertsbusch (von seinen Studenten liebevoll »Knaa« genannt), Solti, Fricsay und Keilberth starteten von hier aus Weltkarrieren. Zwei Personen, die sich nicht besonders mochten, prägten in den Achtzigerjahren Programm und Standard des weltberühmten Hauses: der 1999 verstorbene Generalintendant August Everding und Generalmusikdirektor Wolfgang Sawallisch. Höhepunkt der Saison sind die Festspiele im Juli. Allerdings mehr Touristenattraktion denn Musenfreude. *Besichtigung nach Anmeldung, Tel. 21 85 10 21, Max-Joseph-Platz 2, U 3/6/4/5 Odeonsplatz*

Neues Rathaus **(124/C 4)**

Mehr pompös denn kulturgeschichtlich wertvoll. Überbordende Lust zur Gotik trieb den Grazer Architekten Georg von Hauberrisser zu seltsamen Einfällen, als das Gebäude von 1867 bis 1908 errichtet wurde. Unterhalb des 80 Meter hohen Turms ist in einem Erker Europas viertgrößtes Glockenspiel installiert. Es erzählt täglich um 11 Uhr (von Mai bis Oktober auch um 12 und 17 Uhr) von zwei Großereignissen, die einst auf dem Marienplatz stattgefunden haben: das Turnier anlässlich der Hochzeit Herzog Wilhelms V. von Bayern mit Renata von Lothringen (1568) und der (auch heute noch am Fasching in siebenjährigem Rhythmus – der nächste 2005 – zelebrierte) Schäfflertanz anlässlich der Pest im Jahre 1517. *Turmaufzug im Sommer Mo–Do 9–16, Fr 9 bis 13 Uhr, U-S-Bahnhof Marienplatz*

Nymphenburg **(111/D 4–5)**

★ Man schenkte vornehm zu Kurfürst Ferdinand Marias Zeiten. Damals, Mitte des 17. Jhs., bescherte ihm Henriette Adelaide den ersehnten künftigen Thronfolger Max Emanuel. Dafür beehrte der Vater sie mit dem Schloss Nymphenburg. An die 700 Meter, also dreimal so lang wie das Olympiastadion, ist die Front dieser barocken Schlossanlage, deren Bau von 1664 bis 1757 gedauert hat. Sie diente den bayerischen Herrschern als Sommerresidenz, und wer sich die Zeit nimmt, langsam durch all die prächtigen Gemächer zu flanieren, kann erahnen, wie nobel es zur Glanzzeit des bayerischen Hofes zugegangen sein muss. Neben dem dominierenden Mittelbau mit seinem prunkvollen steinernen Saal und der prächtigen Schönheitengalerie locken das Marstallmuseum mit der weltweit bedeutendsten Sammlung an Wagen, Schlitten und Geschirren – sie stammen alle aus der Zeit der bayerischen Kurfürsten und Könige –, das Porzellanmuseum mit Pretiosen der namensgleichen Manufaktur, der fast drei Quadratkilometer große Schlosspark mit den Gewächshäusern, die Amalienburg als Paradebeispiel höfischen Rokokos, die Badenburg mit ihren chinesischen Papiertapeten, die Pagodenburg mit ihrer damals schicken chinoisen Ausschmückung und die Magdalenenklause, die sich Kurfürst Max Emanuel im hohen Alter als Meditationskapelle bauen ließ. *Eintritt für Schloss, Amalienburg und Marstall 8 Mark, Di–So 9–12.30 und 13–17 Uhr, U 1 Rotkreuzplatz, Tram 12, Bus 41*

Residenz (124–125/C–D 3)

★ Dies ist ein Ort, in dem man die Geschichte Bayerns und die des Hauses Wittelsbach begreifen lernt. Eine schier unfassbare Pracht bietet sich dem Besucher. Unsere Empfehlung: mindestens einen ganzen Tag hierfür einplanen. Denn nach der Zerstörung durch die Bomben des Zweiten Weltkrieges hat der Freistaat Abermillionen in die Restaurierung der »Herzkammer Bayerns« gesteckt, die ein halbes Jahrtausend Sitz der Herrscher war. Alle architektonischen Spielarten, die die Kultur Bayerns geprägt haben, findet man hier: strenge Renaissance, überbordendes Barock, verspieltes Rokoko und wieder geradlinigen Klassizismus. 1385 wurde der Grundstein für die Neuveste im Nordosten der alten Stadt gelegt. Und über die Jahrhunderte entstand Schritt für Schritt (freilich gestört durch mehrere Brände) die Residenz, bestehend aus drei Hauptkomplexen und sechs Innenhöfen. Wer nicht Zeit hat, sich alle Kostbarkeiten zwischen Residenz-, Hofgarten- und Marstallstraße anzuschauen, sollte zumindest das Residenzmuseum mit Europas wertvollster Hofkunstsammlung anschauen. Das Vestibül, die Ahnengalerien, Porzellankabinett, Antiquarium (in dem heute noch die großen Empfänge des Ministerpräsidenten stattfinden), die Porzellankammern, die Reichen Zimmer, das Spiegelkabinett und die Nibelungensäle bieten einen groben Überblick. *Di–Sa 10–16.30 Uhr, So 10 bis 13 Uhr, Max-Joseph-Platz 3, U-S-Bahnhof Marienplatz, Tram 19, 27, 29*

Südfriedhof (124/B 6)

Ein Dorado für Geschichtsfreunde und -freaks. Der Südfriedhof, entstanden im 16. Jh., war einst von Albrecht V. als Gottesacker für arme Leute geplant worden, diente im 17. Jh. als Pestfriedhof und ab Ende des 18. Jhs. als Zentralfriedhof. Nach der Erweiterung Mitte des 19. Jhs. wurde der Südfriedhof letzte Ruhestätte für viele prominente und angesehene Münchner.

Wer hier langsam von Grabstein zu Grabstein wandert, erlebt auf ganz eigene Art die Geschichte dieser Stadt. Hier liegen unter anderem begraben: der

Bildhauer Roman Anton Boos (St. Peter), der Architekt Friedrich von Gärtner (Feldherrnhalle), der Historienmaler Wilhelm von Kaulbach, Architekt Leo von Klenze und letztlich auch der »Arme Poet«-Maler Carl Spitzweg. *Thalkirchner Str. 17, U 1/2/3/6 Sendlinger Tor*

Universität **(125/D 1)**
Die Ludwig-Maximilians-Universität (Ludwig I. holte sie 1826 von Landshut nach München) ist, nach der Freien Universität Berlin, mit über 60 000 Studenten Deutschlands zweitgrößte Hochschule. Namen wie Fraunhofer, Röntgen, Pettenkofer, Ringseis, Sauerbruch, Schelling, Riehl, Max Weber, Guardini verbinden sich mit dieser Universität (und dienen als Namenspatrone für Münchens Straßen). Weltberühmt nicht nur bei Studenten sind die beiden Schalenbrunnen links und rechts der Ludwigstraße. Feierliche Neuromanik prägt den Westbau, das einstige Priesterseminar im Osten wirkt distanzierter, strenger. Die Adresse der Universität trägt, in Ehrerbietung und zum immer währenden Gedenken an Sophie und Hans Scholl, die im Kreis der »Weißen Rose« Widerstand gegen das Hitler-Regime geleistet hatten und dafür 1943 hingerichtet wurden, deren Namen. *Geschwister-Scholl-Platz, U 3/6 Universität*

KIRCHEN

Asamkirche **(124/B 4)**
★ Der Märtyrer Johannes von Nepomuk ist der Schutzpatron der Brücken. Und doch steht die ihm geweihte Kirche etwa einen Kilometer entfernt von der Isar. Trotzdem hat der heilige Nepomuk hier eine gewisse Aufgabe: Die Asamkirche in der Sendlinger Straße, eingerahmt von Boutiquen und schicken Geschäften, ist eine für München typische ideelle und architektonische Brücke zwischen zwei Welten: Lebenslust und Konsumrausch treffen hier auf Tradition und verwurzelten Katholizismus, moderne Funktionsbauten auf großartige, überbordende Barockarchitektur. Kein Wunder, dass die Stufen vor dem eher unscheinbaren Portal ein Lieblingsplatz der Bettler sind: Wer hier flaniert und über die Schwelle tritt, hat meist sowohl Geld in der Tasche als auch den christlichen Leitsatz von der Nächstenliebe im Ohr. Für Fotoamateure ist das malerische Dämmerlicht im Inneren der Kirche eine echte Herausforderung, für Freunde der Kunsthistorie bieten der von vier gewundenen Säulen umrahmte Hochaltar und die plastische Dreifaltigkeitsgruppe darüber tausend Möglichkeiten der Deutung. Zwischen 1975 und 1982 ist diese Kirche mit so großem Aufwand restauriert worden, dass Lästermäuler behaupteten, mit diesem Geld hätte sich eine ganze Stadtratsriege ihre Plätze im Paradies erkauft. *Sendlinger Str. 32, U 1/3/6/2 Sendlinger Tor*

Bürgersaalkirche **(124/B 3–4)**
Sie ist nicht nur historisch interessant als ehemaliger Versammlungsraum der Marianischen Männerkongregation, einer jesuitisch geprägten Glaubensgemeinschaft von Priestern und Laien. Im Untergeschoss der im

Zweiten Weltkrieg fast völlig zerstörten Kirche liegt Pater Rupert Mayer begraben, eine der Identifikationsfiguren des Münchner Widerstandes gegen Hitler. Er wurde von Papst Johannes Paul II. selig gesprochen. Der barocke Betsaal im Obergeschoss ist wunderschön restauriert. Die Schutzengelgruppe unterhalb der Orgelempore stammt von Ignaz Günther. *Neuhauser Str. 47, U-S-Bahnhof Stachus*

Dreifaltigkeitskirche (124/B 3)
Eine typisch bayerische Gründungsgeschichte hat diese erste spätbarocke Kirche Münchens: Die Grausamkeiten des Spanischen Erbfolgekrieges als Schreckensvision für Münchens Zukunft vor Augen, gelobte die Kammerdienerstochter Anna Maria Lindtmayr den Bau einer Kirche, auf dass das göttliche Strafgericht an ihrer Stadt vorübergehe. Bürger und Vertreter der Landstände waren so beeindruckt, dass sie an den italienischen Architekten und Hofbaumeister Giovanni Antonio Viscardi einen entsprechenden Auftrag gaben. So vereinen sich in der eigenwilligen Architektur mit ihren über das Eck gestellten Säulen und dem prächtigen Deckengemälde von Cosmas Damian Asam italienische Dynamik und bayerische Ausdruckskraft. Der Musikhochschule dient die Orgel dieser Kirche als Übungsinstrument. So kommt der Besucher oft zufällig kostenlos in den Genuss gelungener Aufführungen (oder – je nach Können des Musikers – grausamer Tonleiteretüden). *Pacellistr. 6, U-S-Bahnhof Stachus*

Frauenkirche (124/C 4)
Heißt eigentlich »Dom zu unserer lieben Frau« und ist Bischofskirche der Erzdiözese München-Freising. Sie ist länger als ein Fußballfeld (109 Meter), fasst 2000 Personen und ist, weit mehr als der FC Bayern München, mit ihren beiden welschen Hauben auf den Türmen (der südliche Turm ist mit 99 Metern um einen Meter kürzer) das Wahrzeichen der Stadt. Sie ist von der südlichen und westlichen Einfallstraße (Autobahn München–Garmisch und Nymphenburger Straße) nahezu vom Stadtrand aus sichtbar, dank eines alten Rechtes, demzufolge dieser Blick nicht verbaut werden darf. Der spätgotische Bau besticht durch die klare, fast strenge Gliederung. Darüber, ob die Restaurierung der drei Schiffe aus den Siebzigerjahren wirklich gelungen ist, herrschen in München geteilte Ansichten. Hoch gelobt dagegen wird die 1994 abgeschlossene, jüngste Renovierung der Innenräume. Dennoch bietet sich dem Besucher eine Fülle kirchenhistorischer Kostbarkeiten, etwa das Prunkgrabdenkmal Kaiser Ludwigs des Bayern. Und eine Turmauffahrt gehört zum festen Besuchsprogramm. *Auffahrt zum Südturm (98 m) April–Okt. Mo–Sa 10–17 Uhr; Frauenplatz 1, U-S-Bahnhof Marienplatz*

Heiliggeistkirche (124/C 4)
Mit der Frauenkirche und St. Peter eine der alten Kirchen Münchens, wahrscheinlich 1208 als romanische Kapelle entstanden. Nach dem Stadtbrand 1327 als Gotikbau wieder errichtet, wurde sie durch die Brüder Asam

dann als barockes Schmuckstück ausgekleidet. Im Krieg fast ganz zerstört, wurde sie jahrelang in unendlicher Geduldsarbeit restauriert. Die neubarocke Westfassade aus dem 19. Jahrhundert beherrscht das Erscheinungsbild der Rosentalgasse. *Tal 77, U-S-Bahnhof Marienplatz*

Ludwigskirche **(125/D 1)**
Obwohl schon auf den ersten Blick als romanisch-klassizistischer Nachbau (durch Gärtner) entlarvt, birgt diese Kirche einen besonders wertvollen Schatz: eines (neben Michelangelos Ausmalung der Sixtinischen Kapelle) der großen Fresken der Welt, an der Altarwand im Chor, ebenfalls ein »Jüngstes Gericht« (von Peter Cornelius). Die beiden Türme fallen in ihrer Schlichtheit bei jedem München-Föhn-Foto ins Auge; sie stehen in direktem Kontrast zur imposanten, südlich gelegenen Theatinerkirche. *Ludwigstr. 20, U 3/6 Universität*

Michaelskirche **(124/B 4)**
Wer angibt, hat mehr vom Leben. Unter dieser Devise entstand Ende des 16. Jhs. diese erste und somit auch architektonisch revolutionär gestaltete Kirche. Denn der selbstdarstellerisch nicht unbegabte Herzog Wilhelm V. wollte mit diesem Gotteshaus der Gegenreformation ein imposantes Denkmal setzen und plünderte für diesen Bau die Staatskasse fast bis zum Bankrott. Dafür konnte er sich rühmen, für »seine Jesuiten« das, nach dem Petersdom zu Rom, zweitgrößte Tonnengewölbe, ein für damalige Verhältnisse statisches Wunder, errichtet zu haben. Heute fügt sich die höfische Fassade zwar prächtig, aber widerspruchslos in das architektonische Bild der Neuhauser Straße ein. Nur die beiden mächtigen Portale weisen darauf hin, dass hier nicht, wie in der östlich angrenzenden ehemaligen Augustinerkirche, Händler und Wechsler ihr Wesen treiben, sondern dass hier nach wie vor eines der katholischen Zentren der Stadt zu Hause ist. In der Gruft liegt, neben anderen bayerischen Herrschern, auch Ludwig II. *Neuhauser Str. 52, U-S-Bahnhof Stachus*

Peterskirche **(124/C 4)**
Eines der ältesten Bauwerke Münchens, genannt der Alte Peter. Lange vor der Stadtgründung stand auf dem Petersbergl schon eine Kapelle. Daraus wuchs, im Verlauf der Jahrhunderte, eine architektonisch interessante Kombination aus Romanik, Gotik, Frühbarock und Rokoko. Dieses Ambiente lockt vor allem an Feiertagen nicht nur Katholiken zu prachtvollen Mozart- und Haydn-Messen. Doch auch an Werktagen bietet diese Kirche erholsame Stille im Innenstadttrubel und eine Fülle wunderschöner Pretiosen aus den Werkstätten berühmter Künstler wie Erasmus Grasser (Marmor-Grabsteine), Nikolaus Gottfried Stuber (Hochaltar) und Ignaz Günther (Dreisitz rechts neben dem Altar, Mariahilf-Altar im Südschiff). *Turmbesteigung Mo–Sa 9 bis 16, So 11–16 Uhr, Rindermarkt 1, U-S-Bahnhof Marienplatz*

St. Anna im Lehel **(125/E 3)**
Nicht nur eine der bedeutenden, sondern auch Bayerns erste Ro-

Das Denkmal Ludwigs I. auf dem Odeonsplatz, rechts die Theatinerkirche

kokokirche. Das während des Zweiten Weltkriegs schwer beschädigte und im Nachhinein in mehreren Abschnitten wirklich schön restaurierte Gebäude wurde 1727 in fünfjähriger Bauzeit von Johann Michael Fischer errichtet. Dessen neue Architekturidee: ein ovaler Zentralraum. Die Gebrüder Asam besorgten die kunstvollen Gewölbefresken und Altarbilder, die in mühevoller Kleinarbeit wieder nachempfunden wurden. *St.-Anna-Platz, U 4/5 Lehel*

Theatinerkirche **(124/C 3)**

Die Geburt Max Emanuels muss die Eltern Kurfürst Ferdinand Maria und Henriette Adelaide wirklich schwer beeindruckt haben: Nicht nur, dass Papa der Mama anlässlich der Geburt Schloss Nymphenburg schenkte, auch ließ das Paar aus Dankbarkeit eine der schönen Münchner Kirchen errichten und St. Cajetan (dem Gründer des Theatinerordens) weihen. Und wie der Namenspatron und sein Orden aus Italien stammen, so ist auch die Architektur dem eleganten italienischen Hochbarock nachempfunden. Erst François Cuvilliés sorgte, hundert Jahre nach Grundsteinlegung, für den Rokoko-Ausbau. Die Theatinerkirche ist, mit der Ludwigs- und der Frauenkirche, eines der markanten Wahrzeichen der Münchner Skyline. Besonders imposant sind, neben der Architektur des Tonnengewölbes und der Vierungskuppel, der Hochaltar mit einem Marien-Gemälde des Rubens-Schülers Caspar de Crayer, die wunderbar gearbeitete schwarze Kanzel und die beeindruckende Fürstengruft der Wittelsbacher unter dem Hochaltar. *Theatinerstr. 22, U 3/4/5/6 Odeonsplatz*

PARKS UND GÄRTEN

Botanischer Garten **(110/C 3–4)**

Die zwanzig Hektar große Anlage, nördlich des Nymphenburger Parks, gilt nicht nur bei Biologen und Botanikern als einer der schönsten Pflanzengärten Europas, und zwar das ganze Jahr über. Ästhetik und Wissenschaft sind hier eine ideale Verbindung eingegangen, ein Dorado für den Fotoamateur und ein unerschöpfliches Reservoir für den Floristen. Ob im Schmuckhof, in der genetischen Abteilung, im Alpinhaus, Rhododendronhain oder im Arboretum, überall herrscht hier die Pracht der Natur – und sie wird, von der Medizinpflanze bis zur insektenfressenden Blüte, wenig belehrend und doch informativ erklärt. *Tgl. 9–18 Uhr, im Winter bis 17 Uhr, Gewächshäuser 9–11.45, 13–18.30 Uhr, im Winter nur bis 16 Uhr, Menzinger Str. 65, U 1 Rotkreuzplatz, Tram 12*

Englischer Garten (125/E–F 1–2)
New York hat den Central Park, London den Hyde Park, und doch, kein Münchner würde »seinen« Englischen Garten dagegen eintauschen. Zwar ist dieser fünf Kilometer lange und bis zu einem Kilometer breite Park – im Geiste der Aufklärung von Sir Benjamin Thompson, Graf von Rumford, Physiker und Generalleutnant der kurfürstlich-bayerischen Armee, 1788 als Idee geboren und ein Jahr später von Kurfürst Karl Theodor verwirklicht – heutzutage mehr durch seine »Nackerten« berühmt geworden. Doch der Münchner sieht über derlei Berg und Tal stoisch hinweg auf dem Weg zum Chinesischen Turm, zum Kleinhesseloher See oder zum Aumeister, jenen hervorragenden Plätzen, um sich eine Maß Bier schmecken zu lassen. Von Süd nach Nord ändert der Englische Garten seinen Charakter, wird wilder, einsamer, bewachsener. Die klassischen Merkmale (und Treffpunkte): der *Monopteros* im Süden, unweit vom Haus der Kunst. Klassizistischer Rundtempel aus der Feder des Architekten Leo von Klenze. Hier trifft sich die Jugend der Welt (und wer sich dazuzählt) zum Musizieren, immer wieder observiert allerdings von Rauschgiftfahndern und Ordnungshütern. Auf der Wiese davor tummeln sich Hundehalter mit Zamperl aller Arten und Größen zum Erfahrungsaustausch. Oberhalb des Eisbaches liegt der ★ *Chinesische Turm* (1790 eingeweiht, 1944 abgebrannt und 1951 wieder aufgebaut). Dies ist Münchens berühmtester Biergarten, bekannt für die bunte Mischung aus Schicki-Micki-Volk, ganz normalen Grantlern und bunten Vögeln der Underground-Szene. Einen Kilometer nördlich, vor dem Mittleren Ring, hat sich am *Kleinhesseloher See,* in den von Gabriel von Seidl 1883 gebauten Räumen des Seehauses, eine noble Gaststätte mit Biergarten direkt am Wasser breit gemacht. Doch eine halbe Wanderstunde weiter, Richtung Freimann, liegt der *Aumeister*, ein altes Jägerwirtshaus mit wunderschönem Garten. Durch die Bäume ist es hier auch bei großer Sommerhitze herrlich. Leider muss man mittlerweile vor

Eisbach-Surfer im Englischen Garten

Nachtspaziergängen in diesem Teil warnen. *U 3/6 Giselastraße oder Universität*

Hofgarten (125/D 2–3)
Münchens modernster »Kriegsschauplatz«. Der 1988 verstorbene Ministerpräsident Franz Josef Strauß wollte sich hier mit einem gigantischen Staatskanzlei-Bauwerk ein Denkmal setzen. Doch die Bevölkerung lief, unterstützt von Architekten, Umweltschützern und Stadtpolitikern, Sturm gegen das »Straußoleum«. Nachfolger Max Streibl reduzierte die Pläne auf ein erträgliches Maß. Doch wird trotz allem der nach den Prinzipien italienischer Gartenarchitektur entworfene Hofgarten durch den um die Kuppel des alten Armeemuseums hochgezogenen Bau empfindlich gestört. *U 3/4/5/6 Odeonsplatz*

Luitpoldpark (113/E–F 2–3)
Münchens Bürger wussten, wie sie sich einem Prinzregenten gegenüber zu benehmen hatten: Anlässlich seines 90. Geburtstages schenkten sie Luitpold anno 1911 neunzig Linden und pflanzten diese in einen nach ihm benannten Erholungspark im Westen Schwabings. Heute ist dieser Park ein beliebtes innerstädtisches Erholungsziel. Von hier aus lässt es sich bequem zum Olympiagelände wandern oder Rast machen im *Bamberger Haus* mit seiner kleinen Brauerei, die von Luitpold-Nachfolger Prinz Luitpold von der Schlossbrauerei Kaltenberg betrieben wird (und mit der er seit Jahren vergeblich versucht, als Münchner Brauer und Wies'n-Wirt anerkannt zu werden). Das »Bamberger Haus« ist auch Ausstellungsort berühmter Karikaturisten, Cartoonisten und Satirezeichner wie Loriot oder Murschetz. *U 2/3 Scheidplatz*

Olympiagelände (112–113/C–D 1–2)
Weltweit Beispiel für revolutionäre zeitgenössische Architektur ist der Münchner Olympiapark geworden. Nachdem die Stadt den Zuschlag für die Spiele 1972 bekommen hatte, beschloss die Kommune, das Motto »Fröhliche Spiele« bereits beim Bau der Sportstätten umzusetzen. Das Architektenbüro Behnisch und Partner setzte auf das archai-

Zeltdächer wie einst im Geburtsland der olympischen Spiele

sche Prinzip der Zeltkonstruktion. Und so entstand auf dem drei Quadratkilometer großen Gelände des einstigen königlich-bayerischen Exerzierfeldes am Oberwiesenfeld ein kühnes Nebeneinander von in sich geschlossenen Dachlinien, die überragt werden vom 290 Meter hohen ★ Fernsehturm. Von 9 bis 24 Uhr laufen die Aufzüge, und in dieser Zeit ist auch das Drehrestaurant dort oben (einmal pro Stunde dreht es sich um die eigene Achse) mit respektabler Küche in Betrieb. Zentrum des Olympiageländes ist das 70 000 Besucher fassende *Stadion* (Heimspielort von FC Bayern München und TSV 1860). Besuchen Sie es, bevor das Stadion demnächst zu einer hässlichen Fußball-Hochburg umgebaut wird. Im *Theatron* am Olympiasee finden im Sommer oft kostenlose Popkonzerte statt. Der aus Trümmern des Zweiten Weltkriegs neu aufgeschichtete *Olympiaberg* dient Trimmern zum Schwitzen und Besuchern zur wunderbaren Aussicht über die Stadt, besonders bei Föhn. Der Erlebnispark *Olympic Spirit* in der ehemaligen Radrennhalle ist ein Vergnügungspark mit virtuellen und realen sportiven Erlebnismöglichkeiten. Bisher jedoch leidet das pompös angekündigte Freizeitzentrum an mangelndem Publikumsinteresse, was nicht nur an den stolzen Eintrittspreisen *(Kinder bis 12 Jahre 18, Erwachsene 24, Familien 69 Mark)* liegen dürfte. *Di–So 10–19 Uhr, U3 Olympiazentrum*

Tierpark Hellabrunn (122/C–D 4)
★ Wie ein riesiges Dreieck liegt der eindrucksvolle Zoo in den Isarauen zwischen Harlachinger Berg und der Floßlände des Isarkanals. Hier gibt es über 4000 Tiere, größtenteils im Zoo geboren und so frei gehalten wie nur möglich. Der Altvater des deutschen Zirkus, Carl Hagenbeck, hatte die Idee geboren, den Zoo nicht nach Tiergruppen, sondern nach Erdteilen zu ordnen. So tummeln sich im Norden Bisons aus Amerika, im Süden Edmi-Gazellen aus Afrika und westlich die Barasinghta-Hirsche aus Asien. *April–Sept. 8–18 Uhr, Okt.–März 9–17 Uhr, Tierparkstr. 30, U 3 Thalkirchen, Bus 52 Tierpark*

Westpark (116–117/C–D 5)
Dieser über sieben Quadratkilometer große Erholungspark südlich des alten Messegeländes wurde im Jahr 1983 fertig, als München Ausrichter der IV. Internationalen Gartenbauausstellung war. Der Park wird von der Garmischer Straße in zwei Hälften geteilt. Hier finden im Sommer rund um den See Freiluftveranstaltungen des Kulturreferats statt, westlich davon steht die berühmte Originalpagode, anlässlich der IGA von 200 nepalesischen Kunsthandwerkern errichtet. *U 6 Westpark*

STADTVIERTEL

Gärtnerplatzviertel (122–123/C–D 4)
Über dieses Viertel schrieb noch vor wenigen Jahren ein Journalist, der es sich zur Aufgabe gemacht hat, Vorurteile abzubauen, in einer sehr engagierten, aufklärerischen Reportage: »München ist die schwulste Stadt Deutschlands.« Münchens Schwulenszene hat sich hier in

der Tat etabliert dank einiger Frontleute, die mit großem Engagement für ihre Rechte gekämpft haben. So ist das Gärtnerplatzviertel »offener« geworden. Es gibt hier nicht nur die größte Friseur-Dichte der Stadt, sondern auch eine bunte Palette von Kneipen. Einige gehören zur Sparte: schnell mal abkassieren, einige sind von studentischer Urgemütlichkeit, Wirtewechsel ist hier alltäglich. Darum die Empfehlung: Einfach reingehen und schnuppern!

Glockenbachviertel (124/B 6)

★ Benannt nach dem Bächlein, das am alten Südfriedhof vorbeifließt. Hier, zwischen Schlachthof-, Gärtnerplatzviertel und Innenstadt, hat sich eine kleine, feine, originelle Szene entwickelt. Künstler aus der Glockenbachwerkstatt, Schauspieler aus den Theatern rund um die Hans-Sachs-Straße, in der es auch Münchens einzigen Knopflochladen gibt, prägen das rege Kneipenleben. Hier gibt es Klassisches live und aus der Maschine, in der »Jupiter-Sinfonie« Mozart zu Café au lait in der Holzstraße 41. Langsam nur frisst sich die Stadtsanierungs-Raupe hierher vor. Ein Viertel zum Verweilen.

Haidhausen (125/E–F 5–6)

Paris, Orléans, Metz, Gravelotte, Bazeilles – diese Straßennamen gaben der Gegend zwischen Isar und Ostbahnhof, Bogenhausen und Au den Spitznamen »Franzosenviertel«. So harmlos die Namen klingen, sie stammen aus der blutrünstigen Zeit des 70er Krieges. Und sie sollen an die damals siegreichen Bayernkorps erinnern. In der Zeit nach dem Wirtschaftswunder wurde Haidhausen dann aus gegebenem Anlass umbenannt in Klein-Neapel oder Istanbul an der Isar. Doch dann kam die wahre Heimsuchung: Die Schwabinger hatten Schwabing satt und zogen nach Haidhausen – und mit ihnen kamen die Diskos und Bistros, die Boutiquen und Beutelschneider. Heute glitzert Haidhausen – zumindest in seinen Hauptdurchgangsstraßen. Wer sich aber Zeit nimmt, um durch die kleinen Gässchen zu schlendern, um in Hinterhöfe zu gucken und in kleinen Läden nach Skurrilitäten zu forschen, spürt den alten Zauber dieses Stadtviertels, das trotz Betonkultur (Gasteig) und Hotelgiganten (City-Hilton) seine Identität bewahrt hat.

Neuhausen/ Nymphenburg/Gern (110/A–D 4–6)

Gleich westlich des Mittleren Rings beginnt Münchens gehobene Wohngegend. Die wunderschönen Häuser stammen meist aus der Zeit um die Jahrhundertwende und sind zum Teil seit Generationen in Familienbesitz. Ein Spaziergang durch die schmalen Straßen, etwa durch die westliche Volkartstraße, durch die Orff- und Ruffinistraße, lohnt sich, nicht nur aus architektonischen Gründen. Hier ist Ruhe des Bürgers vornehmste Pflicht. Leider ist der Rotkreuzplatz ein Wechselbalg missratener Städteplanung. Und das hässliche Gebäude des Rotkreuz-Krankenhauses stört empfindlich das Gesamtbild der Gegend. Doch ist hier eine in sich gewachsene Infrastruktur; es gibt noch kleine Haushaltsläden, in denen Schrauben nach Gewicht verkauft werden; es gibt jede Menge Gemüse- und Obsthändler auf den Plätzen und Bürgersteigen. Weiter westlich, zum Schloss Nymphenburg hin, werden die Häuser immer stattlicher und herrschaftlicher. Hier sind die vornehmen Rechtsanwaltskanzleien und Treuhandbüros zu Hause. Und in Richtung Dantebad liegt einer der besonders schönen Biergärten der Stadt: der Taxisgarten mit seinen legendären *spare-ribs.*

Schlachthofviertel (118/C 5)
Bis jetzt hat sich der fast dörfliche Charakter erhalten, besonders um die Dreimühlenstraße. Und auch heute noch riecht es im Sommer ab und zu stark nach »Schlachthof«. Es finden sich hier, zwischen Kapuzinerstraße und Großmarkthalle, Goethestraße und Isar, eine ganze Menge originärer Wirtshäuser mit den angeblich besten Weißwürsten Münchens. Allen voran im *Wirtshaus im Schlachthof* in der Zenettistraße. Hier tobt abends die Münchner Rockszene: Im angenehm renovierten *Schlachthof* gibt es hochkarätige Musik, ein kleines Kabarett und genießbare Münchner Küche. Rundherum haben sich neben mediterranen und südamerikanischen Kneipen einige Neonlokale etabliert. Gut möglich, dass das Schlachthofviertel den Weg Schwabings und Haidhausens noch vor sich hat.

Schwabing rechts der Leopoldstraße (114/B–C 1–3)
Es war einmal ein wunderschönes Künstlerviertel, in das nun die Glitzerwelt mit Sexshops, Billig-Pizzerias, Pils-Pubs und Billardsalons Einzug gehalten hat. Nur die Straßennamen zeugen noch vom Geist des alten Schwabing: Occam, Wedekind, Werneck. Vor allem rund um den Wedekindplatz hat sich die Gastronomie dem Durchlaufpublikum angepasst. Zwischendrin gibt es allerdings noch ein paar Kleinode, das *Podium* etwa, eine verräucherte Musikkneipe mit Dixieland und Oldie-Rock. Tagsüber ist ein Spaziergang noch recht beschaulich und gibt Zeugnis von der klassischen Architektur der Privatiers, die sich nach der Eingemeindung des alten Ortes »Schwapinga« 1890 hier niedergelassen haben.

Schwabing links der Leopoldstraße (114/A–B 1–6)
Ein krasser Unterschied: Hier wohnen Ärzte, Journalisten und Künstler in alten (ab und zu recht teuer renovierten), großen Wohnungen mit Stuck und riesigen Jugendstilfenstern. Hier reiht sich Boutique an Boutique, Antiquariat an Antiquariat, Goldschmied an Juwelier. Stundenlang kann man hier bummeln, am Elisabeth-Markt frisches Obst kaufen oder ein paar Austern schlürfen, in Second-Hand-Läden oder in einem der zahllosen Trödelläden rumkramen. Die Atmosphäre ist geprägt von den Studenten, die in den Cafés Schach spielen oder sich beim *Atzinger* (Schellingstraße) noch schnell ein Helles und Kants »Kritik der praktischen Vernunft« reinziehen. Fließend ist die Grenze zur Maxvorstadt, in der die Pinakotheken stehen und die Studen-

ten der Musikhochschule mit ihren aufgeschnallten Instrumenten rumradeln. Hier findet man noch einen Hauch des alten Schwabing, der Schwabinger »Scharfrichter«, der Wedekinds, der Ringelnatze, und hier glimmt noch jenes Licht, das Thomas Mann zu seinem mittlerweile amtlicherseits so oft missbrauchten Satz »München leuchtete« animierte.

Sendling (122–123/B–D 1–2)
Ein gewachsenes Arbeiterviertel nördlich vom Schlachthof. Es zieht sich den Sendlinger Berg hinauf (teilt sich folglich in Unter- und Obersendling), hat seinen Liebreiz aber eher im unteren Bereich. Hier findet sich jede Menge unsanierte, wunderschöne Bausubstanz. Und hier ist Münchens »rote« Bastion: Sendling ist das SPD-Viertel schlechthin. Die Sendlinger Kulturschmiede war Geburtsstätte für ähnliche Projekte in der ganzen Stadt. Rund um die Großmarkthalle gibt es ein multikulturelles Schlemmerland, beste Restaurants südländischen Flairs, garantiert ohne Schicki-Volk. Es lohnt sich ein Spaziergang vom Harras runter zum Brudermühltunnel und durch den Flaucher raus zum Tierpark. Sommers ist hier ein idealer Nacktbadeplatz.

Westend (118/A–C 2–3)
Münchens buntestes und eigentlich liebenswertestes Viertel. Hier riecht es an allen Ecken nach Levante, hier verkauft der Händler aus Istanbul oder Antalya seine Teppiche, schmücken türkische Namen und arabische Schriftzeichen die Ladenfenster. Es gibt Gyros und Döner Kebab, schweren Wein aus San Turin, Ouzo aus Levkas und Raki aus Anatolien. Hier leben Studenten und Bohemiens, hier, hinter der Schwanthaler Höh bis über den Mittleren Ring hinaus, ist München eine wahrhaft multikulturelle Großstadt.

STRASSEN UND PLÄTZE

Isartorplatz (125/D 5)
Jeden Tag zur Rush-hour eine Katastrophe. Hier kreuzt sich der Altstadtring mit der Achse Haidhausen/Innenstadt. Beherrscht vom Isartor (1337 erbaut), dem einstigen Osttor der Stadt mit seinem kauzigen Valentin-Musäum, ist hier das architektonische Hauptproblem von München genau zu studieren: mittelalterliche Befestigung, hässliche Nachkriegsbauten, mühsam Restauriertes und moderne Architektur als wirre Großstadt-Mixtur. *S-Bahnhof Isartor*

Karlsplatz/Stachus (124/B 4)
Noch immer können sich die Straßenbahnschaffner nicht einigen, ob es jetzt »Karlsplatz« oder »Stachus« heißt. Deshalb wird die Haltestelle im öffentlich-dienstlichen Jargon immer noch »Karlsplatz/Stachus« genannt. Historisch dagegen ist die Sache klar: Dieser Platz im Herzen der Stadt, angelegt nach dem Schleifen der Stadtbefestigung 1791, und nach dem Zweiten Weltkrieg lange Zeit als angeblich verkehrsreichster Stadtknotenpunkt ganz Europas gerühmt (aber weit weniger imposant als Londons Piccadilly Circus oder die Place de la Concorde in Paris), wurde benannt nach dem wenig beliebten Kurfürsten Karl

Der Karlsplatz, besser bekannt als »Stachus«, ist ein beliebter Treffpunkt

Theodor. Der Name »Stachus« dagegen dürfte, für München nicht untypisch, von dem ehemaligen Wirtshaus »Stachusgarten« stammen, das dort stand, wo heute der Kaufhof klotzt. Im Osten, rechts neben den neubarocken Geschäftshäusern des Architekten Gabriel von Seidl, steht, als Eingang zur Neuhauser Straße und zur Fußgängerzone, das dreibogige *Karlstor*, ein kleiner Rest der alten Befestigung aus dem 14. Jh. Der Brunnen davor ist im Sommer ein Treffpunkt der Motorradtouristen. Zu einem Wahrzeichen der Stadt wurde das gegenüberliegende *Pini-Haus*, Münchens rundes Eckhaus. Im ersten Untergeschoss entwickelte sich ein reges Geschäftsleben. Hier ist auch Münchens offizieller »Umweltladen« zu Hause. Am Übergang zum Lenbachplatz, im Norden des »Stachus«, steht der strahlend weiße Justizpalast aus dem vergangenen Jahrhundert, Reverenz des Architekten Friedrich von Thiersch (1852–1921) an die Gotik, die Renaissance- und Barockkultur. *U-S-Bahnhof Stachus*

Lenbachplatz **(124/B 3)**

Um die Jahrhundertwende entstanden und somit typisch für die damalige muntere, von keinerlei Ideologie eingepferchte Stadtplanung. Das »Künstlerhaus« von Gabriel von Seidl hat längst seine Bedeutung als Vereinshaus für Kunstschaffende verloren. Schräg gegenüber steht das ehemalige Bernheimer-Palais, ein Opfer des größten Immobilienskandals der Republik, der »Schneider-Pleite«. Es wurde generös restauriert und mit einer hyper-edlen Gastronomie bestückt. *U-S-Bahnhof Stachus*

Leopoldstraße **(114/B 1–6)**

An dieser Straße scheiden sich die Geister. Kaum ein Tourist versäumt es, an lauen Abenden vom Siegestor rauf zur Münchner Freiheit zu spazieren, zunächst auf der Ostseite, wo eine ganze Heerschar von fliegenden Händlern Kunstprodukte oder das, was sie dafür halten, feilbietet. Zahllose kleine Cafés und Wirtschaften säumen den Boulevard, Eisdielen haben ihre Stühle auf dem Bürgersteig aufgestellt, auf dem Trottoir, wie man in Bayern sagt. Boutiquen, Bücherläden, Schallplattengeschäfte, Diskotheken, Fast-food- und Spezialitätenrestaurants gibt es en masse; am nördlichen Ende zwei kleine, aber berühmte Kinos, das Leopold im Gelben Haus Ecke Franzstraße und das ABC Ecke Herzogstraße, im Süden der riesige »Walking Man« der Münchner Rückversicherung. Und doch hat man als eingefleischter Münchner einen ganzen Haufen Vorurteile. Architektonisch ohnehin von bescheidenem Reiz, ist die bei Touristen beliebteste Münchner Straße eben deswegen zur Glitzermeile verkommen, zwar ohne Nepp, doch mit gesalzenen Preisen. Die wenigen bayerischen Wirtshäuser sind so bayerisch, dass es einem den Gamsbart verzieht (eine kleine Ausnahme ist der Weinbauer in der Fendstraße, gleich rechts ums Eck vor dem Leopoldkino). Hier zeigen die Youngster ihre neuesten, von Papi finanzierten Autos, hier präsentieren Münchens mutige Mädchen Haut und Haar. *U 3/6 Giselastraße oder Münchner Freiheit*

Ludwigstraße **(125/D 1–3)**
Der Schweizer Kunsthistoriker Heinrich Wölfflin hatte als Wahlmünchner große Worte für diesen einen Kilometer langen, streng klassizistischen bis neoromanischen Boulevard: »Sie ist die monumentalste Straße Europas«, schrieb er. Das ist vielleicht ein bisschen hoch gegriffen. Aber wer von der Feldherrnhalle im Süden der Ludwigstraße, am vornehmen »Käfer's am Hofgarten« vorbei, in Richtung Staatsbibliothek und Universität, rauf zum Siegestor flaniert, bekommt einen Eindruck von der Idee Klenzes, München mit einer opulenten, in sich geschlossenen Prachtstraße zu bestücken, die alle Welt von der Größe des bayerischen Königtums überzeugen sollte. *U 3/6 Odeonsplatz oder Universität*

Marienplatz **(124/C 4)**
Seit Münchens Gründung gesellschaftlicher, kaufmännischer und architektonischer Stadtmittelpunkt. Früher standen hier auf dem alten »Schrannenplatz« Markthallen, später quietschten die Straßenbahnen durch den Knotenpunkt, seit dem Olympiadebauboom ist hier Fußgängerzone. Die Mariensäule wurde 1638 aufgestellt. Hiermit löste der strenggläubige Kurfürst Maximilian I. ein Gelöbnis für eine Stiftung ein, für den Fall, dass München und Landshut unbeschadet den Schwedenkrieg überstehen sollten. Mit diesem Bronzebildwerk Hubert Gerhards förderte der Fürst den zu dieser Zeit in Bayern beginnenden Marienkult. Heute ist der Marienplatz nicht nur fester Programmpunkt für jeden Touristen, vor allem um 11 Uhr wegen des Glockenspiels am Neuen Rathaus, sondern Endpunkt fast aller politischer Demonstrationen und Veranstaltungsort für jedwede städtische Kultur. Eine eigene Szene bilden die Straßenmusikanten, Gaukler und Pantomimen, die hier (oder in der Neuhauser Straße) mit amtlicher

Genehmigung ihre Kunststückchen zum besten geben und dabei ganz gut verdienen. Architektonisch aber ist der Marienplatz eher eine Missgeburt: Das überbordende Neue Rathaus erscheint viel zu dominant und der Kaufhof gilt als Markenzeichen schlechten Architekturgeschmacks. Einen schönen Ausblick auf das quirlige Treiben hat man vom pseudo-noblen Metropolitan oder dem Glockenspiel gegenüber dem Neuen Rathaus. *U-S-Bahnhof Marienplatz*

Maximilianstraße **(125/D-E 4)**

★ Sie ist Münchens Aushängeschild und verrät doch auch so viel über den zwiespältigen Charakter dieser Stadt. Sie misst lediglich eineinhalb Kilometer und gilt dennoch als Prachtboulevard. Sie startet, stadtauswärts gesehen, symbolträchtig: Im rechten Winkel zu der kurzen (verkehrsberuhigten) Residenzstraße breitet sie sich nach Osten aus, der aufgehenden Sonne entgegen; links flankiert vom strengen Bau des Nationaltheaters, rechts, am Hofgrabenanfang, vom Bayerischen Hauptmünzamt mit dem in großen Lettern verkündeten Motto »Moneta Regia«, was der Münchner recht frei übersetzt: »Hier regieren die Moneten«. Maximilian II. verwirklichte hier, angewidert von der Liebe seines Vaters Ludwig I. zum strengen Neoklassizismus, von 1853 an seinen Traum von liberaler Architektur. Tudorgotik, italienische Spätrenaissance, französische Arkaden, diese bunte Mischung wagte damals Hofarchitekt Friedrich Bürklein. Und nach dem Zweiten Weltkrieg rangen die Münchner dem Schutt die Wiedergeburt der königlichen Idee ab: Wer am Vormittag gegen die Sonne ans Ende der Straße schaut, sieht jenseits der Isar das klassizistische Landtagsgebäude Maximilianeum wie ein utopisches Ziel hingemalt. Dazwischen liegen Münchens teuerste Modegeschäfte. Hier residieren versteckt einige erlesene Edeljuweliere, Top-Coiffeure, Edelbistros, das vornehme Hotel Vier Jahreszeiten, das hochgelobte Sprechtheater Die Kammerspiele, Münchens bekanntester Insider-Treff Schumann's. Dank des Mittleren Rings ist die Linie dieser Prachtstraße leider ziemlich herb unterbrochen. Die Regierung von Oberbayern residiert gegenüber dem Max-II.-Denkmal, das trutzig und stolz die Ideologie der damaligen Zeit verkörpert: Gerechtigkeit, Wehrkraft, Friede, Wissenschaft. Fast jeder Festzug führt vom Maximilianeum durch diese Straße ins Zentrum. *Tram 19, U 3/6 Marienplatz oder U 4/5 Lehel*

Münchner Freiheit **(114/B 4)**

Zum Gedenken an die Mitglieder des Widerstandes gegen das Hitlerregime wurde der ehemalige Feilitzschplatz nach dem Krieg umbenannt. Die Münchner Freiheit ist nicht nur Verkehrsknotenpunkt, Drehscheibe Schwabings, Standort einiger Cafés und vor allem nachts ein lärmender Vergnügungspark. Dieser Platz ist symptomatisch für das Münchner Leben: wuselig, protzig, kaputt – aber auch liebenswert, originell, bunt und ab und zu sogar gemütlich, je nach Tageszeit und Lebensanschauung. *U 3/6 Münchner Freiheit*

Karl
Valentin

Zwei Stunden im Museum

München bietet Kunst in ihrer ganzen Spannbreite. Von Skulpturen über Rubens bis zu französischen Impressionisten und bayerischen Kuriositäten

Wenn man Berlin außer Acht lässt, ist München mit seinen fast 50 staatlichen, städtischen und privaten Sammlungen unter den bundesdeutschen Städten Rekordhalter. Doch seinen Ruf als Museumsstadt verdankt München vor allem dem Glanz der Vergangenheit. Es war Bayerns kunstsinniger König Ludwig I., der mit seinen Museumsgründungen (Alte und Neue Pinakothek, Glyptothek und Antikensammlung) das kulturelle Erbe erstmals für die Öffentlichkeit zugänglich machte. Ludwigs Museen sind bis heute die Publikumsrenner und bringen ständig neue Besucherrekorde.

Die aktuelle Kunst hingegen wurde in München lange Zeit stiefmütterlich behandelt. In der bayerischen Hauptstadt gab es bis zum Jahr 2000 kein Museum für zeitgenössische Kunst. Die Staatsgalerie Moderner Kunst, provisorisch in einem Seitenflügel im Haus der Kunst untergebracht, platzt aus allen Nähten und kann nur knapp ein Drittel ihrer Bestände aus dem 20. Jahrhundert ausstellen. Ansonsten wird Gegenwartskunst privaten Sammlern und Mäzenen überlassen. Doch 1990 kam völlig überraschend eine entscheidende Wende. In unmittelbarer Nähe der beiden Pinakotheken, auf dem ehemaligen Türkenkasernengelände, wurde ein neues Galeriegebäude für moderne Kunst gebaut. Nach amerikanischem Vorbild werden in diese »Pinakothek der Moderne« nicht nur die Gemälde und Skulpturen der Staatsgalerie Moderner Kunst, sondern auch die reichen Bestände der Neuen Sammlung (Kunsthandwerk und Design), also angewandte Kunst, gleichrangig miteinbezogen. Damit steht auch das renovierungsbedürftige Haus der Kunst nach seiner Sanierung wieder als Kulturhalle für große Ausstellungen zur Verfügung.

Die wichtigsten Münchner Museen befinden sich rings um den Königsplatz (Glyptothek, Antikensammlung, Alte und Neue Pinakothek und Lenbachhaus) und im Bereich der Prinz-

Kalauer und Kuriositäten im Valentin-Musäum

regentenstraße. Dort liegen, besucherfreundlich aneinandergereiht, das Haus der Kunst, das Bayerische Nationalmuseum, die Neue Sammlung und die Schack-Galerie; und in Fußnähe die Prähistorische Staatssammlung, das Völkerkundemuseum, die Residenz, das Ägyptische Museum sowie das Deutsche Museum.

Wer nur wenig Zeit hat, sollte sich bei einem ersten Münchenbesuch eines der Renommiermuseen rund um den Königsplatz auswählen. Wer mit den ehrwürdigen Häusern nichts anfangen kann, dem sei das Valentin-Musäum ans Herz gelegt oder eines der vielen kleinen, intimen Museen, die eher »exotische« Interessen befriedigen. So bietet München ein äußerst interessantes *Erotikmuseum (Odeonsplatz 8/I, Di–So 11–19 Uhr)*, im Schloss Nymphenburg das *Museum Mensch und Natur*, eine eindrucksvolle Gegenüberstellung zwischen dem Planeten Erde und seinem gottgewollten Beherrscher *(Maria-Ward-Str. 16, Di–So 9–17 Uhr)*, ein *Alpines Museum* im Haus des Deutschen Alpenvereins, nicht nur für Bergfexe, sondern auch für umweltinteressierte Naturfreunde *(Praterinsel, Di, Mi, Fr 13–18 Uhr, Do 13–20 Uhr, Sa 10–18 Uhr)*, das Zentrum für Außergewöhnliche Museen (ZAM) mit Abteilungen für Düfte, Kaiserin Sissi, Nachttöpfe, Bourdalous, Tretautos, Schlösser und Osterhasen *(Westenriederstr. 41, tgl. 10–18 Uhr)* und das *Zählermuseum* mit rund 700 Originalgeräten, das die Entwicklung des Elektrizitätszählers seit 1881 lückenlos aufzeigt *(Franzstr. 9, Mi 9–12 Uhr und nach Vereinbarung, Tel. 38 10 13 93)*. Freunde moderner Kunst sollten sich auf keinen Fall die aktuelle Ausstellung in der *Kunsthalle der Hypo-Kulturstiftung (Theatinerstr. 15, telefonische Programmansage 22 44 12)* entgehen lassen. Der ganze Block wird derzeit umgebaut und soll bis Frühjahr 2001 fertig sein, angeblich bleiben die Öffnungszeiten *(Fr–Mi 10–18 Uhr, Do 10–21 Uhr)*.

Die Münchner Museen sind meist montags und an den gesetzlichen Feiertagen geschlossen. Eintritt zwischen zwei und sechs Mark. An Sonn- und Feiertagen können die Staatlichen Museen und das Münchner Stadtmuseum kostenlos besichtigt werden. Ermäßigungen für Schüler, Studenten und Senioren gibt es in fast allen Museen.

Eine Auswahl der wichtigsten Museen als Anregung:

Alte Pinakothek **(124/B 1)**

★ Nach mehrjähriger Totalrenovierung erstrahlen die Räume in neuem Glanz.

In der Alten Pinakothek finden Sie unter den 1400 »Alten Meistern« zwar nicht Leonardo da Vincis »Mona Lisa« – dafür aber seine »Maria mit dem Kinde«, oder Lorenzo Lottos »Mystische Vermählung der heiligen Katharina«. Die Alte Pinakothek zählt zu den sechs wichtigsten Gemäldegalerien der Welt. Ihre Gemälde repräsentieren alle Schulen der europäischen Malerei vom Mittelalter bis zum beginnenden 19.Jh. Die Schwerpunkte aber sind deutsche und niederländische Malerei des 15. und 16.Jhs.; holländische und flämische Malerei des 17.Jhs.; italienische

MARCO POLO TIPPS FÜR MUSEEN

1 **Alte Pinakothek**
Meisterwerke der Malerei in einem architektonischen Meisterwerk (Seite 34)

2 **BMW-Museum**
Nicht nur für Autonarren und -närrinnen (Seite 36)

3 **Deutsches Museum**
Für alle, die wissen wollen, warum wann was pufft, kracht und stinkt (Seite 37)

4 **Münchner Stadtmuseum**
Für alle, die arrangiert Originelles genießen können (Seite 39)

5 **Valentin-Musäum**
Für alle, die wissen wollen, was Querdenken heißt (Seite 41)

6 **Glyptothek**
Für Humanisten und andere Kenner (Seite 37)

7 **Haus der Kunst**
Für alle, die internationale Kunst und nationalsozialistische Architektur interessiert (Seite 38)

8 **Neue Pinakothek**
Für Kunstgänger mit Muße (Seite 39)

9 **Lenbachhaus**
Für Liebhaber der Moderne im alten Kleid (Seite 38)

10 **Villa Stuck**
Eigenwilliges Gesamtkunstwerk des »Malerfürsten« Franz von Stuck (Seite 41)

Malerei des 15. bis 18. Jhs.; französische und spanische Malerei der Barockzeit.

Das »Sanctissimum« – und der wohl auch wertvollste Besitz – des Hauses sind Albrecht Dürers »Die vier Apostel« von 1526, die auf listige Weise von Nürnberg nach München gerieten. Besonders sehenswert sind unter anderem die altdeutschen Meister von Altdorfer bis Cranach im Obergeschoss, die Italiener des 15. und 16. Jhs., der Rubens-Saal, die Franzosen des 17. Jhs., Tiepolos »Anbetung der Könige« und Jan Brueghels d. Ä. »Großer Fischmarkt« von 1603. Liebhaber der schwäbischen Malerei finden im Erdgeschoss des Museums die Flügel des Kaisheimer Altars aus der Kaisheimer Zisterzienserklosterkirche von Hans Holbein d. Ä.

Auch das Museumsgebäude ist einen Blick wert. Denn trotz ihrer 127 Meter Länge und 37 Meter Breite gilt die Alte Pinakothek als »Meisterwerk der Proportionskunst«.

Leo von Klenze, König Ludwigs I. berühmter Hofbaumeister, verwirklichte mit dem Bau der Alten Pinakothek zu Beginn des 19. Jhs. revolutionäre neue architektonische Ideen:

Er installierte nicht nur die ersten sichtbaren Oberlichtkonstruktionen eines Museums, sondern führte auch eine völlig neue Raumaufteilung ein, die von verschiedenen Lichtarten und -einfallswinkeln bestimmt wurde. Klenze prägte mit seinem an der italienischen Renaissance orientierten Münchner Bauwerk den weiteren Museumsbau in ganz Europa. *Tgl. außer Mo 10–17 Uhr, Di und Do 10–20 Uhr, www.pinakotheken-muenchen.de, Barerstraße 27, U2 Königsplatz, Tram 27*

Bayerisches Nationalmuseum (125/E–F 2)
Wer sich für bayerische und süddeutsche Kunst- und Kulturgeschichte interessiert, darf das Nationalmuseum in der Prinzregentenstraße nicht verpassen. Es ist kunsthistorisches (abendländische Kunst, vor allem Skulpturen vom frühen Mittelalter bis zur Mitte des vorigen Jahrhunderts), kunstgewerbliches (Fachsammlungen: Porzellan, Keramik, Steinschnitt, Gold- und Silberarbeiten, Glasmalerei, Uhren, Miniaturen etc.) und kulturhistorisches (Volkskunst, religiöse Volkskunde, Krippensammlung) Museum in einem. Besonders sehenswert sind die Skulpturen von Tilmann Leinberger, Bildwerke von Grasser und Polack, der Ignaz-Günther-Saal, das Landshuter und das Schwanthaler-Zimmer, das Tattenbach-Kabinett und die Augsburger Weberstube im Erdgeschoss. Daneben die umfangreiche Meißener und Nymphenburger Porzellansammlungen sowie die Bauernstuben, Masken und Hafnergeschirre. Die Krippensammlung mit mehr als 6000 Figuren ist einzigartig auf der Welt und begeistert nicht nur die Kinder zur Weihnachtszeit. *April–Sept. tgl. außer Mo 9.30–17 Uhr, Okt. bis März tgl. außer Mo 9–16 Uhr, So und Feiertage Eintritt frei, Prinzregentenstr. 3, U 4/5 Lehel, Bus 53, Tram 20*

BMW-Museum (113/E 1)
★ Direkt neben dem BMW-Hochhaus, das in Gestalt eines riesigen Vierzylinders zum futuristischen Ambiente des Olympiageländes beiträgt, liegt eine überdimensionale, fensterlose Stahlbetonschale. Von weitem sieht dieses Ding aus wie eine zu groß geratene Suppenterrine in modernem Design. Doch nicht Suppenhühner, sondern der Deutschen liebstes Kind, das Automobil, kann hier bewundert werden. Vom legendären Vorkriegswagen »Dixi« über die Isetta zu den extravaganten Sport- und Rennwagen der Fünfziger- und Sechzigerjahre, von der BMW R 32, dem ersten Motorrad mit quergelegtem Boxermotor und Dreiecksrahmen, bis zur Weltrekordmaschine von 1955 ist nahezu alles, was die Bayerischen Motorenwerke auf den Markt gebracht haben, vertreten. Neben den Abteilungen Vergangenheit und Gegenwart werden auch visionäre und befremdende Vehikel der Zukunft vorgestellt. Ein Dorado für Freunde futuristischen Designs. Wer sich bis auf die oberste Plattform hochgearbeitet hat, wird in dem 100 Personen fassenden Breitwandkino (Festivalkino beim Münchner Filmfest) mit einem »Auto-Motion«-Film belohnt. *Tgl. 9–17 Uhr (Einlass bis 16 Uhr), Petuelring 130, U 3 Olympiazentrum*

Deutsches Jagd- und Fischereimuseum (124/B 4)
Mitten in der Fußgängerzone, ziemlich genau auf halber Strecke zwischen Marienplatz und Stachus, liegt das in den prächtigen Räumen der ehema-

ligen Augustinerkirche untergebrachte Museum. Ein Dorado für Waidmänner aller Herren Länder: Etwa 500 präparierte Wildtiere in lebensgroßen, ihre natürliche Umgebung darstellenden Dioramen, reichgeschmückte Prunkwaffen und kostbare Jagdutensilien aus mehreren Jahrhunderten. Falknereigegenstände, paläontologische Skelette (irischer Riesenhirsch!), Trophäen sowie Fische und Fischereigeräte (Angelhakensammlung von der Steinzeit bis heute). Für Kinder gibt es eine Streichelecke, und für blinde Museumsbesucher wurde eine Tastecke mit diversen präparierten Tieren eingerichtet. Der Museumsgag: eine Kollektion von Wolpertingern. *Tgl. 9.30 bis 17 Uhr (im Winter bis 16 Uhr); Mo und Do 19–22 Uhr, Neuhauser Straße 2, U-S-Bahnhof Marienplatz*

Deutsches Museum **(125/D–E 6)**
★ Vermutlich würden nicht einmal drei Wochen genügen, um im Deutschen Museum alles zu sehen. Mit 55 000 Quadratmeter Ausstellungsfläche und rund 17 000 Objekten zählt es zu den größten technisch-naturwissenschaftlichen Museen der Welt. Die Bestände des 1903 von Oskar von Miller gegründeten Museums werden laufend ergänzt und mit Exponaten der neuesten technischen Entwicklungen versehen, zum Beispiel mit einer brandaktuellen Abteilung zum Thema Umwelt und Papier. So findet sich in der Mammut-Show auf der Isarinsel alles, was dem Menschen in Sachen Technik bislang eingefallen ist.

Den Mut zur Lücke muss auch der Besucher mitbringen. Einige

Auf Höhenflug in der Luft- und Raumfahrthalle

Tipps für Nichttechnikfreaks: Zu den Attraktionen gehören das im Untergeschoss naturalistisch installierte Bergwerk, die Luft- und Schiffahrtshallen, die Kraftfahrzeug- und Eisenbahnabteilung sowie der riesige Faradaysche Käfig in der Starkstromtechnik *(tgl. 11, 14 und 16 Uhr Vorführungen)*. Für einen Besuch des Zeiss-Planetariums im neu installierten »Forum der Technik« sollte man sich in jedem Fall Zeit nehmen *(Vorführungen um 10, 12, 14 und 16 Uhr). Tgl. 9–17 Uhr; Ermäßigung für Gruppen über 20 Personen, www.Deutsches-Museum.de, Museumsinsel 1, S-Bahnhof Isartor, Tram 18*

Glyptothek **(124/B 1–2)**
★ Münchens ältestes Museum und gleichzeitig eines der ersten öffentlichen Museen Europas ist die Glyptothek am Königsplatz. König Ludwigs I. berühmte Antikensammlung öffnete ihre Pforten im Jahre 1830, also noch vor dem British Museum in

London oder der Eremitage in St. Petersburg. Ein Gesamtkunstwerk der Superlative: eine besonders großartige Skulpturensammlung Europas in einem der bedeutenden klassizistischen Bauwerke Deutschlands. Die meisten der ausgestellten Werke sind freilich Kopien.

Das von Leo von Klenze (1784–1864) im Stil eines ionischen Tempels errichtete Museum beherbergt griechische und römische Skulpturen vom 6. Jh. v. Chr. bis zum 4. Jh. n. Chr. Ein Rundgang durch die dreizehn Säle des Hauses ist wirklich lohnend, wobei man sich möglichst jeweils auf ein paar Einzelstücke beschränken sollte. Erstaunlich modern: der lasziv-erotisch hingestreckte Barberinische Faun, dem man seine über 2000 Jahre kaum abnehmen mag (Saal II). Imposant: die 62 römischen Porträtbüsten auf Kalksteinpfeilern, deren Höhe den jeweiligen Rang berücksichtigt (Saal XI). Kostbarster Besitz: die gut erhaltenen Original-Giebelfiguren des Aphaia-Tempels (500 v. Chr.) auf der Insel Ägina (Saal VII und IX).

Im Innenhof der Glyptothek findet sich ein verstecktes Idyll im Münchner Großstadtgetümmel: ein Café unter Akazien und zwischen den weinbewachsenen Museumsmauern, das zum Träumen und kreativen Arbeiten einlädt. *Di, Mi, Fr, Sa, So 10–17 Uhr, Do 10–20 Uhr, So Eintritt frei, Königsplatz 3, U 2 Königsplatz*

Haus der Kunst/Staatsgalerie Moderner Kunst (125/E 2)

★ Paradebeispiel nationalsozialistischer Monumentalarchitektur. Im Westflügel des Gebäudes ist die Staatsgalerie Moderner Kunst untergebracht, der Mittel- und Ostteil werden für große Wechselausstellungen genutzt. Die Staatsgalerie Moderner Kunst ist 1920 aus der Neuen Pinakothek hervorgegangen. Die Sammlung umfasst Gemälde und Plastiken des 20. Jhs., angefangen von den deutschen Expressionisten bis hin zu den amerikanischen Minimal-art-Künstlern der Siebzigerjahre und zu zeitgenössischer italienischer Kunst. Eine der Hauptattraktionen sind die Säle mit den Bildern der beiden Expressionisten Ernst Ludwig Kirchner und Max Beckmann. *Tgl. außer Mo 10 bis 17 Uhr, Fr 10–20 Uhr, So und Feiertage Eintritt frei, Prinzregentenstr. 1, U 3/4/5/6 Odeonsplatz, Bus 53*

Lenbachhaus (124/A 2)

★ Nur einen Steinwurf vom Königsplatz entfernt liegt ein besonders schönes Museum Münchens: die ehemalige Villa des »Malerfürsten« Franz von Lenbach. Wer seinen Schritt durch das schmiedeeiserne Eingangsportal lenkt, findet nicht nur Kunst, sondern auch eine grüne Oase der Ruhe und Erholung. Seit 1929 sind in der ockergelben, im italienischen Landvillenstil der Renaissance erbauten Künstlerresidenz die Sammlungen der Städtischen Galerie untergebracht. Die umfangreichen Bestände dokumentieren die Geschichte der bildenden Kunst in München von der Gotik bis zur Gegenwart. Schwerpunkte der Sammlungen liegen jedoch im 19. Jh. (Lenbach-Nachlass) und im 20. Jh. (Jugendstil, Paul-Klee-Sammlung, Kubin-Archiv).

Blick auf das verträumte Lenbachhaus

Seine internationale Bedeutung verdankt das Museum aber der Blauen-Reiter-Sammlung: Neben den berühmten Bildern von Franz Marc, Gabriele Münter, Alexej von Jawlenksy, August Macke und Paul Klee sollte man sich vor allem auf Wassily Kandinskys umfangreiches Werk konzentrieren, das seine langjährige Lebensgefährtin Gabriele Münter der Städtischen Galerie 1957 gestiftet hat. Im Erdgeschoss wird in Wechselausstellungen zeitgenössische Kunst gezeigt. Auch Vortragsreihen, Konzerte, Film- und Videovorstellungen finden hier statt. Eine Cafeteria gleich neben dem gut sortierten Bücherstand lädt zum Verweilen ein. Besonders reizvoll ist es allerdings, ein kühles Getränk an heißen Sommertagen im verträumten Innenhof zu genießen. *Tgl. außer Mo 10–18 Uhr, Luisenstraße 33 (Ecke Briennerstraße), U 2 Königsplatz*

Münchner Stadtmuseum **(124/C 4–5)**

★ ⦿ Ein Heimatmuseum im eigentlichen Sinne ist das Münchner Stadtmuseum am Sankt-Jakobs-Platz nicht. Der alte Sammlungskern umfasst eine große historische Waffensammlung, Sammlungen plastischer Kleinkunst (Moriskentänzer!), Münzen und Medaillen sowie eine Sammlung volkskundlicher Objekte und Textilien (Brautschmuck, Trachten, Krippen). Zu den interessanten Fachmuseen, die alle im Stadtmuseum untergebracht sind, zählen eine große Spielzeugsammlung, eine graphische Sammlung, die Ausstellung »Münchner Wohnkultur« (Mobiliar vom 17. bis 20. Jh.), eine Puppentheater-Abteilung (mehr als 50 000 Puppen) sowie eine große Musikinstrumentensammlung. Nicht zu vergessen: das Modemuseum (mit Kleidung, Accessoires, Graphiken und Fotografien vom 18. Jh. bis heute) und das Foto- und Filmmuseum (im Museumskino täglich zwei öffentliche Vorführungen). Als Geheimtipp gelten die hervorragenden und pfiffigen Wechselausstellungen im Stadtmuseum zu nur auf den ersten Blick rätselhaften Themen wie »Tod«, »Klo« oder »Oktoberfest«. Das Museumscafé ist ein beliebter Treffpunkt in der Innenstadt. Im Sommer besonders attraktiv: der kleine Biergarten im lärmgeschützten Innenhof. *Di und Do–So 10–17 Uhr, Mi 10–20.30 Uhr, St.-Jakobs-Platz 1, U-S-Bahnhof Marienplatz*

Neue Pinakothek **(124/B–C 1)**

★ Als Pendant zur Alten Pinakothek gründete Ludwig I. in der Mitte des vorigen Jahrhunderts direkt gegenüber die Neue Pinakothek. In Europa das erste große Museum für zeitgenössische Kunst, das öffentlich zugänglich war. Doch Kriegszerstörungen zwangen zum Abbruch des alten Klenze-Gebäudes. Alexander von Brancas neues Galeriegebäude, das 1981 als der größte deutsche Museumsneubau nach dem Krieg eröffnet wurde, löste eine Welle von Begeisterung, aber auch sehr kontroverse Diskussionen aus. Mittlerweile hat man sich an das nicht gerade avantgardistische Bauwerk mit seinen geknickten Kupferdächern gewöhnt. Und Alexander von Branca wird sicherlich in der Münchner Architektengalerie einen Ehrenplatz neben Klenze bekommen.

Das Interesse an dem neuen Galeriegebäude ist unvermindert groß: Bereits ein Jahr nach der Eröffnung 1981 wurde der millionste Besucher gezählt. Der Museumstrakt im östlichen Teil des Gebäudes ist in Form einer liegenden Acht um zwei Innenhöfe gruppiert. In den 22 Ausstellungssälen, die auf verschiedenen Ebenen liegen, sind etwa 550 Gemälde und 50 Plastiken aus der Zeit zwischen Rokoko und Jugendstil (nur rund ein Zehntel des Gesamtbestandes) zu sehen. Im Mittelpunkt steht jedoch die europäische Kunst des 19. Jhs. Die Konzeption der verschiedenen Ausstellungsräume geht von der Vielfalt der einzelnen Malerschulen des 19. Jhs. aus und will Gegensätze aufzeigen und Zusammenhänge deutlich machen: Von den Frühromantikern, der Hofkunst unter Ludwig I., den Nazarenern, den französischen und deutschen Spätromantikern und Realisten bis zu den Deutschrömern (von Marees, Böcklin, Feuerbach), der Gründerzeitmalerei und den französischen Impressionisten (Degas, Manet, Monet, Renoir). Wer der Kunst des 19. Jhs. nur wenig abgewinnen kann, sollte sich lieber auf die frühe Moderne konzentrieren: Impressionisten, Sezessionisten, Symbolisten und Jugendstil (Räume 18–22). Sonderausstellungen im Untergeschoss. *Tgl. außer Mo 10–17 Uhr, Mi 10–20 Uhr, So und Feiertage*

Terrassencafé in der Neuen Pinakothek

Eintritt frei, www.pinakotheken-muenchen.de, Barerstr. 29 (Nordeingang), U 2 Theresienstr., Tram 18

Pinakothek der Moderne (119/E1)
Vier große Sammlungen des Freistaates und eine Reihe wertvoller privater Schenkungen sind hier unter einem Dach vereint. Auf 5500 Quadratmetern wird zum Beispiel die Staatsgalerie Moderner Kunst aus dem Provisorium im Haus der Kunst erlöst und hier entsprechenden Raum finden. Kuratorin Carla Schulz-Hoffmann will die klassische Moderne zwar räumlich von den Entwicklungen nach 1950 trennen, aber so, dass die Korrespondenz erhalten bleibt. So wird man ein Beuys-Zentrum installieren, aber auch der Videokunst breiten Raum geben. Auch die Fotografie als Kunstform wird gewürdigt. Insgesamt sollen etwa 500 Objekte in diesem Haus zu sehen sein, und zwar so gehängt und aufbereitet, dass die Werke ihrem Sujet ensprechend in allerbestem Licht erscheinen *(Öffnungszeiten sind noch nicht bekannt). Barerstr. 40, U 2 Theresienstraße*

Valentin-Musäum (125/D 5)
★ Im Isartorturm ist Münchens liebenswertestes und lustigstes Museum untergebracht. Besonders den norddeutschen Besuchern sei es zum besseren Verständnis der bayerischen Mentalität ans Herz gelegt. Neben dem Nagel, an den der Volksschauspieler Karl Valentin (sprich »Fallentin«) seinen bürgerlichen Beruf hängte, Wanningers Telefon und dem Winterzahnstocher mit Pelzbesatz ist in dem Panoptikum so manche skurrile Kostbarkeit, aber auch eine phantasievolle Dokumentation damaliger Volksschauspielkunst, zu sehen. Unterm Dach findet sich ein bewirtschaftetes Volkssängerlokal mit einer »Kaffeehauseinrichtung« aus der Zeit der Jahrhundertwende. Übrigens: Senioren über 99 Jahre haben in Begleitung ihrer Eltern freien Eintritt. *Mo, Di, Fr, Sa 11.01 bis 17.29 Uhr und So 10.01–17.29 Uhr, Tal 43, S-Bahnhof Isartor*

Villa Stuck (120–121/C–D 2)
★ Mitten in Münchens Nobelviertel Bogenhausen, im Rücken des Friedensengels, liegt das neoklassizistische Palais des anderen Münchner »Malerfürsten« Franz von Stuck. Exterieur und Interieur dieses eigenwilligen Gesamtkunstwerks wurden von Stuck selbst konzipiert. Zu seinen Lebzeiten war die (1898 vollendete) Künstlervilla glanzvoller Mittelpunkt des gesellschaftlichen Lebens. Im Erdgeschoss kann man die Repräsentationsräume mit den prächtigen Wanddekorationen sowie eine Sammlung von Stucks Bildern, Skulpturen und extravaganten Möbeln bewundern. Oben befindet sich das Atelier mit einer prunkvollen Kassettendecke. Dort hängen schöne Gobelins, falls die Wände nicht als Ausstellungsfläche benötigt werden. Herausragende Wechselausstellungen zur Kunst um die Jahrhundertwende und aus der Jugendstilepoche. Beachtenswert ist vor dem Säulenportal im Vorgarten die bronzene »Amazone«, Stucks plastisches Hauptwerk. *Tgl. außer Mo 10–18 Uhr, Do bis 21 Uhr, Prinzregentenstr. 60, U 4 Prinzregentenplatz, Tram 18, Bus 53*

Wohin gehen wir essen?

Nicht nur Bier und Weißwürste gibt es in München, auch der international verwöhnte Gaumen kommt auf seine Kosten

Dank diverser Komödienstadel-Blödeleien im Fernsehen, dank ebenso primitiver Heimatfilmereien ist nahezu weltweit das Klischee verbreitet, bayerische Küche bestünde bestenfalls aus Weißwürsten, Leberkäs', Schweinsbraten und Rohrnudeln. Nun sollte man zwar keinem dieser Gerichte seine Köstlichkeit absprechen. Doch ist die Küche Bayerns, also auch die seiner Hauptstadt, vielfältiger, anspruchsvoller und – zugegebenermaßen – auch eigenartiger, als man sich das gemeinhin vorstellt. Wer in München essen geht, muss sich entscheiden: Wie teuer? International? Deutsch? Bayerisch?

Natürlich hat sich hier in den vergangenen Jahren, wie in allen deutschen Großstädten, französische und italienische Kochkunst etabliert. Es gibt viele Bistros und Stehimbisse, in denen feine Leckereien aus den Ländern mit traditionell berühmter Küche angeboten werden. Zur Zeit steckt Münchens Haute Cuisine ohnehin in der Krise. Aubergine und Le Gourmet machten dicht, die Sterne schwinden. Auch Werner Böswirth schmiss im Hotel an der Oper den Kochlöffel hin. Doch wer München besucht, sollte ohnehin nicht unbedingt pariserisch genießen. Darum werden wir hier die heimischen Spezialitäten vom Kalbsbries bis zum sauren Lüngerl nicht vergessen.

Echte Münchner sind hier kaum zu finden: Biergarten im Hofbräuhaus

Essen wie ein Münchner? Zum Beispiel die Weißwurst. Man isst sie als zweites Frühstück, und einem alten Brauch zufolge sollte sie das Zwölfuhrläuten nicht mehr hören (das hat sich allerdings dank der Konservierungskunst eigentlich erledigt). Man bestellt sie stückweise, also nicht als »Paar«, sondern eben »zwei Weißwürscht« (und nicht mehr, denn sie sättigt ungemein). Zu dieser bei sanfter Temperatur im Wasser heiß gemachten Wurst aus Kalbsbrät nimmt man süßen Senf und Brezn – und natürlich ein Weißbier. Über die korrekte Esstechnik wurden schon ganze Bücher ge-

MARCO POLO TIPPS FÜR RESTAURANTS

1 **New York Cafe**
35 Bagelsorten machen Fernweh nach Big Apple (Seite 50)

2 **Geisel's Vinothek**
400 köstliche Weine zum Testen und Kaufen (Seite 47)

3 **Gasthaus Glockenbach**
Auch deutsche Küche kann edel sein (Seite 53)

4 **Makassar**
Mediterran und kreolisch (Seite 53)

5 **Franziskaner Fuchsenstubn**
Beste Weißwürste für Münchens Politprominenz (Seite 55)

6 **Weißes Bräuhaus**
Deftig bayerisch und gemütlich (Seite 55)

7 **Il Soprano**
Eigentlich viel zu schade, um es als Tipp bekannt zu machen (Seite 55)

8 **Andechser am Dom**
Ohne Gebetszwang (Seite 53)

9 **Straubinger Hof**
Für echte Lederhosen (Seite 55)

10 **Fraunhofer**
Älteste Studentenkneipe Münchens (Seite 55)

schrieben. Der angeblich urige Münchner zuzelt sie aus der Haut ohne Messer und Gabel. Der Kenner teilt sie mit dem Messer in der Mitte und schält sie dann aus der Haut, der Ästhet sticht mit der Gabel ein, schneidet dahinter nicht ganz durch und dreht den Inhalt gekonnt aus der Haut. Bei richtiger Zubereitung löst sich das Brät ohne Rest von der Haut.

Zum Beispiel Fleisch: In ganz Bayern beliebt sind – trotz der erwiesenen Gefahr von Schwermetallanreicherung und Gicht – Innereien. Das Kalbshirn (paniert und gebacken) kann köstlich zart sein, die Nieren von Schwein und Kalb werden entweder sauer (mit Essig) oder gebraten angeboten, das Kalbslüngerl nach stundenlangem Kochen mit Knödel gereicht (Achtung: oft verirrt sich ein Lorbeerblatt auf den Teller). Gebackene und gebratene Leber wird mit Kartoffelbrei umgeben (und bedauerlicherweise oft mit einer Kirsche garniert), die Kalbshaxe mit einem Serviettenkloß (Knödelteig in Serviette gedreht und eine halbe Stunde gekocht), Schweinshaxe, Schweinsbraten, Spanferkel oder Wildschwein mit Kartoffelknödel serviert. Dazu kommt ein leider meist sehr wässrig angemachter grüner Salat.

Zum Beispiel Fisch: Dank der Sauberkeit der bayerischen Seen (mittlerweile hat auch der Chiemsee wieder Trinkwasserqualität) ist das Angebot zwar nicht sehr variantenreich, aber reichlich. Berühmt sind die Renken vom Starnberger See, aber auch die Forelle aus der Zucht (seltener aus dem Gebirgsbach) steht auf fast jeder Speisekarte.

Ein paar Tipps zum Lesen der oft außen neben der Eingangstüre angebrachten Speisekarte: Steht dort »Schweinebraten« statt »Schweinsbraten«, ist das Restaurant zumindest kein sehr bayerisches. Wird das Bier in 0,33-Liter-Gläsern angeboten, ist der norddeutsche Einfluss bereits gefährlich dominant. Heißt es »Kalbsmedaillon und Pommes de terre«, zahlt man viel Geld für sehr unmünchnerisches Essen.

Die Münchner Kellner und Kellnerinnen sind, zumindest in den »echten« Wirtshäusern, oft ein wenig grantig, jedoch zum Studium der bayerischen Persönlichkeit trefflich geeignet. Einzelabrechnungen sind hier kein Problem. Der Gast erhöht die Rechnung für die Bedienung um mindestens zehn Prozent, erwartet wird immer eine Aufrundung. Es ist üblich, nach dem Zahlen den Tisch ziemlich flott zu verlassen. Richtet man – falls angesagt – über die Bedienung dem Koch ein Kompliment aus, erhöht man die Chance, beim nächsten Besuch besonders freundlich bedient zu werden.

BIERGÄRTEN

Fast alle Biergärten schließen um 22 Uhr; wenn nicht anders erwähnt, täglich geöffnet.

Augustinerkeller **(118/B 1)**
Legendär für seinen Stammtisch, an dem einst Münchens berühmtester Spaziergänger Sigi Sommer seinen Platz hatte. Hier wird noch Biergartenkultur und natürlich auch das frisch gezapfte Bier gepflegt. *Arnulfstr. 52, Tel. 59 43 93, Hauptbahnhof*

Biergarten-Idylle am Kleinhesseloher-See im Englischen Garten

Aumeister (O)
Im Norden des Englischen Gartens und leider zu nahe am Bayerischen Fernsehen/Freimann gelegen. Angenehm in der Hitze, dank der Bäume. *Tgl. außer Mo ab 9 Uhr, Sondermeierstr. 1, Tel. 32 52 24, U 6 Freimann*

Chinesischer Turm (114/B 5)
Hier treffen sich Punk und Promi zum Abfüllen. Vorsicht: sonntags Blasmusik. Einschenkqualität lässt zu wünschen übrig. Meist überfüllt. *Englischer Garten 3, Tel. 383 87 30, U 3/6 Giselastraße, Bus 54*

Flaucher (122/C 2)
Gutbürgerlicher Freilufttreff in der Nähe der Sonnenanbeter vom Flaucherkies, ideal für einen Ausflug in den Tierpark. *Tgl. außer Mo 10–20 Uhr, Isarauen 1, Tel. 723 26 77, U 3 Thalkirchen*

Grüntal (115/F 3)
Die draußen geparkten Autos verraten es: Schicki-Treff mit Kir Royal aus dem Maßkrug. *Tgl. außer Mo, Grüntal 15, Tel. 998 41 10, Bus 87*

Wirtshaus am Hart (O)
Kleiner Garten, kleines Wirtshaus, Kleinkunstbühne. Alles fein beisammen im Arbeiterviertel am Hart. *Sudetendeutschestr. 40, Tel. 311 96 35, U 2 Am Hart, Tram 12*

Hirschgarten (111/E 5)
Größter, schönster, nettester, münchnerischster Biergarten. Und das soll so bleiben. Drum: Nicht weiterempfehlen ...! *Hirschgartenallee 1, Tel. 17 25 91, S-Bahnhof Laim, Bus 41, 68, Tram 17 Steubenplatz*

Iberl (O)
Im Nobelvorort Solln, entsprechend sind Publikum und Preise. Im Wirtshaus kracherte Volksbühne. *Wilhelm-Leibl-Str. 22, Tel. 79 42 14, S 7/27 Solln*

Taxisgarten (112/A 3)
Bayerischer Garten mit studentischem Touch. Stündlich frische Brezn. Meist zu voll. *Taxisstr. 12, Tel. 15 68 27, U 1 Gern, Bus 177*

Waldwirtschaft (O)
Weltberühmt geworden als Auslöser der Biergartenrevolution. Die »Wawie« erfreut das Publikum und ärgert die Nachbarn mit Dixie zum Bier. Preise der noblen Umgebung angepasst. *Mo–Sa 11–21 Uhr, So bis 20 Uhr. Großhesselohe, Georg-Kalb-Str. 3, Tel. 74 99 40 30, S 7 Großhesselohe*

BISTROS UND VINOTHEKEN

Die Grenzen sind fließend in München. Manches Frühstückscafé wird abends zur Kneipe, in manchem Bistro kann man nicht nur hervorragend essen und trinken, sondern auch ebenso hervorragend Essen und Getränke einkaufen. Brunch dagegen ist ziemlich aus der Mode gekommen. Neben Espresso für 3.50 Mark bis zum exzellenten Lunch oder Dinner im dreistelligen Bereich bieten Münchens Bistros und Vinotheken vor allem eines: italienisches Lebensgefühl. Oft locken Tages- und Sonderangebote auch beim Wein.

Baader Café (124/C 6)
Das einstige Jungvolk ist mit dem Café gealtert, doch immer noch recht szenig, wozu die in

der Gegend zahlreich wohnenden Journalisten beitragen. Musik zwischen Softrock und Ambient. *Tgl. 10–1 Uhr, Sa bis 2 Uhr, Baaderstr. 46, Tel. 201 06 38, U 1/2 Fraunhoferstraße*

Al Bianco-Nero **(124/B 4)**
Steh-Italiener mit erlesenen Getränken. Hier bestellt der SZ-Redakteur seinen Prosecco. *Mo–Fr 9–18, Sa 9–14 Uhr, Fürstenfelder Str. 7, Tel. 201 06 38, U-S-Bahnhof Marienplatz*

Café Haidhausen **(120/C 4)**
Das besondere Frühstück, zum Beispiel mit dem viel versprechenden Namen »Romeo und Julia«, nicht nur für Liebespaare. Und wer tags zuvor gelumpt hat, dem sei das »Hang Over«-Breakfast empfohlen. Das hilft garantiert! *Tgl. 10–1 Uhr (Frühstück bis 16 Uhr), Franziskanerstr. 4, Tel. 688 60 43, S-Bahnhof Rosenheimer Platz*

Eisbach – Bar & Küche **(119/F 2)**
Hier ist die ganze Küchenwelt in einem Topf. »Fusionskochen« nennt sich das, wenn Asiatisches mit Amerikanischem und europäischen Würztechniken kombiniert wird. Ideal auch für einen Snack nach dem Theater. *Tgl. 10–1 Uhr, Marstallplatz 3, Tel. 22 80 16 80, U3/6 Odeonsplatz*

Formula 1 Szenario **(114/B 5)**
München-Kennern als einstiges »Extrablatt« in Erinnerung. Der neue Wirt Umberto Nasuti ist ein echter Ferrarista, trotzdem sind die Preise auf BMW-Niveau, was in etwa auch der ansprechenden Qualität der Küche entspricht. *Mo–Fr 8–2 Uhr, Sa, So 9–2 Uhr, Leopoldstr. 7, Tel. 33 20 00, U3/6 Giselastraße*

Forum **(119/E 3)**
Eines jener typisch Münchner Lokale, die ihren Charakter von morgens bis nachts dreimal ändern. Super Frühstück, angenehmer Lunch und fast studentische Bistroatmosphäre am Abend. Im Sommer sitzt man im Freien. Etwas chaotisch, aber liebenswert. *Tgl. 8–24 Uhr, Corneliusstr. 2, Tel. 26 88 18, Tram 17/18*

Gandl **(120/B2)**
Das war einmal ein Lebensmittelladen, dann ein Delikatessenladen; heute kann man neben und nach dem Einkaufen phantastisch essen, tagsüber leichte Pasta, abends Opulenteres mit einem Pariser Touch. Nicht sehr billg, aber reell. *Mo–Sa 9–24.30 Uhr, Tel. 29 16 25 25, St.-Anna-Platz 1, U 4/5 Lehel*

Garibaldi **(124/C 1)**
Genießer-Legende in Schwabing. Hervorragende Vorspeisen, edelster Käse und Italo-Wein. *Mo–Fr 10–20 Uhr, Sa 10–14 Uhr, Schellingstr. 60, Tel. 272 09 06, U 2 Theresienstraße*

Geisel's Vinothek **(124/A 3)**
★ Hort des Genießens im Bahnhofsumfeld. Ein Stern ist der Lohn für die Küche. Gäbe es welche fürs Ambiente, müssten noch mehr Sterne her. *Tgl. 10–1 Uhr, Küche 12–23.30 Uhr, Schützenstr. 11, Tel. 55 13 71 40, U-S-Bahnhof Hauptbahnhof*

Il Grappolo **(114/A 5)**
»In Vino est veritas«, diese lateinische Weisheit kann man unweit der Uni direkt auf ihren Gehalt überprüfen, in einem der nettesten italienischen Restaurants, das eher ein Wohnzimmer

für maximal 50 Leute ist. Fast zu schade für einen Stadtführer. *Mo–Sa 11.30–22 Uhr, Adalbertstr. 28, Tel. 39 62 41, U3/6 Universität*

Iwan **(124/B 4)**
✱ Ein Laden, der in allen Sparten auftaucht, weil er überall hineinpasst. *Mo–Do 12–2 Uhr, Fr, Sa 12–3 Uhr, So und Fei 17–2 Uhr, Josephspitalstr. 15, Tel. 55 49 33, U-S-Bahnhof Stachus*

Julep's **(121/D 4)**
Irgendwas zwischen Bar, Bistro und Trendkneipe im Tex-Mex-Stil. Mehr als 100 Cocktails, amerikanisches Bier und für den Magen Nachos, Salate Burger und Tortillas. *Tgl. 17–1 Uhr, Breisacher Str. 18, Tel. 448 00 44, S-Bahnhof Rosenheimer Platz*

Käfer's am Hofgarten **(124/C 2)**
Hier gibt es auch Baby-Leberkäs', das sagt alles über diesen Ableger des Edelfraß-Giganten. *Tgl. 11–1 Uhr, Sa/So 9.30–2 Uhr, Odeonsplatz 6–7, Tel. 290 75 30, U3/6 Odeonsplatz*

Kay's Bistro **(124/C 5)**
Schicki-Micki-Laden für das Glimmervolk. Inhaber Kay Wörsching hält seinen Nabel für den von München. *Tgl. 19–1 Uhr, Utzschneiderstr. 1 a, Tel. 260 35 84, U-S-Bahnhof Marienplatz oder Isartor, Tram 18*

Kleinschmitz **(119/E 4)**
Für Leckermäulchen, die kein großes Brimborium brauchen. Französisch gefärbte Küche, vielfältiges Angebot an offenen Weinen, die man auch als Flaschen mitnehmen kann. *Tgl. 18–1 Uhr, Fraunhoferstr. 13, Tel. 260 85 18, U1/2 Fraunhoferstraße*

Punto Trentino **(119/D 3)**
Italienische Küche »auch« aus dem Friaul. Man teste die *strangolapreti* (Priesterwürger) und denke an Don Giovanni bei einem Glas Marzemino. *Mo–Fr 11.30–19.30 Uhr, Sa bis 15 Uhr, Sendlinger Str. 62, Tel. 26 02 31 01, U1, 2, 3, 6 Sendlinger Tor*

Reitschule **(114/B 5)**
✱ Treffpunkt der nadelgestreiften Wirtschafts- (u. ä.) Studenten. Macht mehr her, als es ist. Am besten genießt man die Atmosphäre an einem Nachmittag unter der Woche nach einem Spaziergang durch den Englischen Garten. *10–1 Uhr, Königinstr. 34, U 3/6 Giselastraße, Bus 54*

Rincón **(119/F 3)**
Eine ehemalige Druckerei bietet liebevoll gestaltetes Ambiente für eine manchmal überbordende Kochphantasie. Rincón bedeutet Ecke, und das bedeutet auch: ein Eckpfeiler der Bistrolandschaft. *Mo–Fr 11–1 Uhr, Sa, So 10–1 Uhr, Rumfordstr. 34, Tel. 21 93 93 40, S-Bahnhof Isartor*

Spices **(120/B 4)**
Hotelbistros sind nicht jedermanns Sache. Doch das Spices im neuen Forum (früher Penta-Hotel) ist ein Tempel der leichten Küche, zwischen Asiatischem und Italien, was kühn klingt und fein schmeckt. *Tgl. 11.30–24 Uhr, Hochstr. 3, Tel. 48 03-0, S-Bahnhof Rosenheimerstraße*

Terrine **(114/A 6)**
Hier gibt es Nouvelle Cuisine in Häppchenform. *Di–Fr 12–15 Uhr, Mo–Sa 18.30–22.30 Uhr, So/Fei geschl., Amalienstr. 89, Tel. 28 17 80, U 3/6 Universität*

Pan e vin (113/F 5)
Hier steht man am besten in handgearbeiteten italienischen Schuhen und Anzügen. Edel, teuer, z. B. Spaghetti mit Trüffeln. Auch zum Einkaufen. *Di bis Fr 10–18.30 Uhr, Elisabethplatz, U 2 Hohenzollernplatz, Tram 18*

Walter & Benjamin (119/F 3)
Erlesene Weine aus den renommierten Anbaugebieten ganz Europas, dazu eine kleine, feine Küche mit meist nur zwei Gerichten zur Wahl – hier kochen und servieren Spezialisten für Spezialisten. Und wenn Dana bedient, vergisst man sowieso die Welt außenrum. *Di 11–20 Uhr, Mi–Fr 11–23 Uhr, Sa 10–16 Uhr, Rumfordstr. 1, Tel. 26 02 41 74 , S-Bahnhof Isartor*

Ysenegger (112/B 5)
Neue Neuhausener Gemütlichkeit. Bistro/Kneipe/Bar/Beisl mit erträglichem Lärmpegel, bestem Service und fairen Preisen. *Tgl. 11–1 Uhr, Ysenburgerstr. 3, Tel. 16 27 91, U 1 Rotkreuzplatz*

Zest (114/A 5)
✱ Nach einer Schwächeperiode wieder erstarkt als Treff für Freunde guten Weins und edler Küche, die besondere Sorgfalt auf Fisch legt. *Tgl. 17–1 Uhr, Adalbertstr. 23, Tel. 280 06 66, U 3/6 Universität*

Zoozie's (119/D 5)
✱ Yuppies Lieblings-Brunch, das heißt eine reichliche Tafel mit diversen Köstlichkeiten. Fast immer sardinenbüchseneng. Und die Preise entsprechen dem schicken Publikum. *10.30–1 Uhr, Wittelsbacherstr. 15, Tel. 201 00 59, U 3/6 Goetheplatz, Bus 58*

CAFÉS

Café am Beethovenplatz (118/C 4)
Hier gibt es Chopin zu Schokotorte und Mozart zu Mozarella. Man speist gut, trinkt meist zu viel und wird angenehm studentisch umsorgt. *Tgl. 9–1 Uhr, Goethestr. 51, U 3/6 Goetheplatz*

Café Freiheit (112/B 5)
Neonlicht, Glastischchen und geschwungene Bar aus der Nierentischära tragen zum legendären Ruf bei, das Yuppie-Café der Stadt zu sein. Abends gute Küche. *Tgl. 9–1 Uhr, Leonrodstraße/Landshuter Allee, U 1 Rotkreuzplatz*

Friesische Teestube (114/A 3–4)
Klein, aber gemütlich und plüschig wie in Omas Wohnzimmer. Über 150 (!) Sorten Tee und ein wirklich gutes (und auch noch preiswertes) Frühstück. Des Autors Lieblingsplatz vor 12 Uhr. *Tgl. 10–22 Uhr, Pündterplatz 2, U 6 Münchner Freiheit*

Café Glockenspiel (124/C 4)
Szenetreff mit bestem Blick auf den Marienplatz und das Rathaus, dazu abgefahrene Drinks. *Tgl. 10–1 Uhr, Marienplatz 28, U-S-Bahnhof Marienplatz*

Größenwahn (120/C 4)
✱ Einst ein Edelpunk-Schuppen, mittlerweile vom Establishment kassiert. *Tgl. 10–1 Uhr, Mo ab 19 Uhr, Lothringerstr. 11, S-Bahnhof Rosenheimer Platz*

Internet-Café (112/C 6)
Hier kann man bei Cappuccino chatten und surfen und über *www.happyhour.de* mehr als 100 aktuelle Billigangebote in der ganzen Stadt abrufen. *Tgl. 11 bis*

4 Uhr, Nymphenburger Str. 145, Tel. 129 11 20, U 1 Maillinger-Straße

Café Luitpold **(124/C 3)**
Dort geht man hin, entweder weil man zu den »beautiful people« gehört oder der Nostalgie frönen will. Mit Palmengarten, Glaskuppel, Confiserie und Grill. *Tgl. 9–22 Uhr, Brienner Str. 11, U 3/4/5/6 Odeonsplatz*

MUC **(114/B 5)**
Obwohl der Flughafen weit weg ist, beamt einen dieses Barcafé durch seinen dezenten, aber perfekten amerikanischen Stil in ferne Welten. Tex-Mex, Burritos, Crêpes. Happy Hour von 17 bis 20 Uhr und nach Mitternacht Margaritas zum halben Preis lassen am nächsten Morgen das »Knastfrühstück« (trockenes Brot, ein Glas Leitungswasser, eine Zigarette) schmecken. *Tgl. 8–3 Uhr, Fr, Sa 8–4 Uhr, Leopoldstr. 9, U 3/6 Giselastraße*

New York Cafe **(114/A 6)**
★ Coffee & Bagels verspricht der Untertitel. Wie wahr: 35 Bagelvariationen, zehn verschiedene Kaffeebohnensorten, dazu eine Riesenportion amerikanischer Freundlichkeit machen diesen neuen Laden zu einem Hort für Fernweh nach jenseits des Großen Teiches. Für Spezialisten gibt es auch Kaffee pfundweise zu kaufen. *Mo–Fr 7.30–1 Uhr, Sa/So 8–1 Uhr, Schellingstr. 4, U 3/6 Universität*

Rottenhöfer/Café Hag **(124/C 3)**
Edelste Confiserie mit Café. Hier lässt man gern viel Geld für kleine Leckereien. *Tgl. außer So 9–18 Uhr, Residenzstr. 26, U 3/4/5/6 Odeonsplatz*

Ruffini **(112/B 5)**
Alternativ, aber teuer. Hier frühstückt der arrivierte Künstler neben dem Rundfunkdiskjockey. Im Sommer genießen alle die Dachterrasse. *Tgl. außer So und Mo 10–23 Uhr, Orffstr. 22, U 1 Rotkreuzplatz*

Sarcletti **(112/B 5)**
Münchens berühmtestes Eis gibt es hier. Im Sommer stehen die Fans geduldig Schlange. *Tgl. 8 bis 23.30 Uhr, Nymphenburger Str. 155, U 1 Rotkreuzplatz*

Stadtcafé **(124/C 5)**
Trotz eines wartesaalähnlichen Interieurs das Szenelokal für Jungfilmer, Cineasten (Filmmuseum im Haus) und Journalisten, mit Spitzenweinen aus Frankreich. Aber auch ganz normale Stadtmuseumsbesucher kommen hier rein. Statt Tomaten-Mozarella-Baguette nehme man ein Entenparfait, es lohnt sich. *Tgl. 10.30–1 Uhr, St.-Jakobs-Platz 1, U-S-Bahnhof Marienplatz*

Caffe Streiflicht **(119/E3)**
Im Haus der Süddeutschen Zeitung und ein Versuch derselben, mehr Leser-Blatt-Bindung zu schaffen. Der Kaffee ist in allen Variationen ausgezeichnet, manchmal erschlägt die Kombination aus Musik und Bildschirmnachrichten das Gespräch. Alkohol ist zu teuer. *Mo–Sa 9–21 Uhr, Sendlinger Str. 8, U-S-Bahnhof Marienplatz*

Café Wiener Platz **(125/F 5)**
Zeitgeistlokal für Illustriertenreporter, Balletteusen und angehende Schauspieler. *Tgl. 8 bis 22 Uhr, Innere Wiener Str. 48, U 4/5 Max-Weber-Platz*

Die Gourmettempel von München

BistroRestaurant im Hotel Vier Jahreszeiten (125/E 4)
Wird noch immer in der Tradition Walterspiels geführt. Hier wird großes Essvergnügen zu stolzen Preisen geboten. Tipp: Businesslunch 50 Mark. *Tgl. 6.30–11 Uhr Frühstück, 12–8 Uhr Lunch, dann bis 24 Uhr Dinner. Samstag- und Montagmittag geschl., Maximilianstr. 17, Tel. 212 50, U 4/5 Lehel*

Dallmayr (124/C 4)
Nicht nur zum Shoppen, auch zum Gaumenkitzel vor Ort. Hier trifft sich der Lodenadel zum Seafood und Carpaccio. Mittagsmenü ab 50 Mark. *Mo, Di, Mi, Fr 9.30–19 Uhr, Do 9–20 Uhr, Sa 9–16 Uhr, Dienerstr. 13–14, Tel. 213 51 67, U-S-Bahnhof Marienplatz*

Käfer-Schänke (121/D 2)
Als Tempel der Spesenritter, bei aller Achtung vor manchem Gericht, das wohl typischste Neu-Münchner Lokal überhaupt. À la carte Suppe und Hauptgericht ab 35 Mark. *Tgl. außer So und feiertags, Prinzregentenstr. 73, Tel. 416 82 47, U 4 Prinzregentenplatz*

Königshof (124/B 3)
Hier genießt man mit einem Stern geadelte Kochkunst, edel-angenehmes Ambiente, phantastischen Service und mit Fensterplatz den Blick auf den Stachus. Abendmenü rund 150 Mark. *Tgl. 6.30–10.30, 12–14.30, 18.45–1 Uhr, Karlsplatz 25, Tel. 55 13 60, U-S-Bahn Stachus*

Mark's Restaurant (125/D 4)
Junge Edelpflanze, ein weiterer Stern in Münchens Gastrogarten. Ralf Marhenke kocht dem Rahmen des Hotels Rafael gemäß. Der Tipp: Der Business-Lunch für etwa 50 Mark. *Tgl., Neuturmstr. 1, Tel. 29 16 55 11, S-Bahn Isartor*

Restaurant am Marstall (125/D 4)
Noch besticht das neokonservative Lokal eher durch die Küche als durch Gemütlichkeit. *Tgl. außer So, Mo und Feiertage 12–14 und 18–23 Uhr, Maximilianstr. 16, Tel. 291 65 55 11, U-S Marienplatz*

Tantris (114/B 2)
Münchens ältester Sterne-Tempel, auch wenn es derzeit *nur* zwei sind. Souveräne Küche großen Stils, in der »nouvelle« mittlerweile »etabliert« bedeutet. Mittagsmenü ab 98 DM, Abendmenü ab 158 DM. *Tgl. außer So, Mo, Feiertage 12–15 und 18.30–1 Uhr. Johann-Fichte-Str. 7, Tel. 361 95 90, U 6 Dietlindenstraße*

Vinaiolo (120/C 4)
Ein echter Stern zeichnet seit November 99 die Arbeit von Koch Francesco »Pacco« Galucci aus. Hier wird beste italienische Küche wie die Inszenierung einer Oper gepflegt. Und das Weinangebot ist selbst für echte Nasen eine Offenbarung. Menü ca. 80 Mark. *Tgl. 12–14.30 und 17.30–23 Uhr, Steinstr. 42, Tel. 48 95 03 56, S-Bahnhof Rosenheimer Platz*

Typisches Wirtshausschild

EXOTISCHES UND EDLES

1. Münchner Kartoffelhaus (119/F 3)
Wenn Sie wissen wollen, was man mit Kartoffeln alles anstellen kann jenseits von Braten und Kochen, dann sind Sie hier richtig. Einfach durchtesten – und keine Angst vor süßen Erdäpfeln! *Mo–Sa 11.30–24 Uhr, So 17.30 bis 24 Uhr, Hochbrückenstr. 3, Tel. 29 63 31, U3/6 Marienplatz*

American Fried Chicken (117/D 6)
Lachender Dritter im Kampf um das beste Fastfood zwischen McDonald's und Burger King. Phantastische Chicken Wings und auch sonst sehr amerikanisch. Leider etwas abgelegen. *Tgl. 11–23 Uhr, Ehrwalder Str. 8, U6 Westpark, Bus 33 Garmischer Straße*

Athen (125/D 5)
Gute türkisch-griechische Geschmacksvereinigung mit dem besten Gyros der Stadt. *Tgl. außer So 11–22 Uhr, Zweibrückenstr. 17, S-Bahnhof Isartor*

Pamir (119/D 1)
Afghanische Spezialitäten, bei denen man vergisst, wie übel die Bevölkerung im Ursprungsland dran ist. Vorsicht, es kann ab und zu etwas scharf werden. Zungenschmerzen löscht man am besten mit Tee. *Mo–Sa 12–14.30 und 18–24 Uhr, Dachauer Str. 78, Tel. 52 79 10, U1 Stiglmaierplatz*

Sancho Panza (113/F 5)
Eigentlich ein spanisches Delikatessengeschäft, in dem Krimikenner die Zutaten für Rezepte von Manuel Vázquez Montalbán kaufen und nebenbei köstliche Tapas genießen. Exquisit und bezahlbar. *Tgl. außer Mo, Tel. 271 02 01, Elisabethmarkt an der Nordendstraße, U 2 Hohenzollernplatz, Tram 18*

Shoya (113/E 6)
Hier ist der Freund Nippons gut aufgehoben. Zwar nicht ganz billig, aber dafür bekommt man auch jenseits von Sushi angenehm exotische Speisen. *Mo–Sa 11.30–14.30 und 18.30–23.30 Uhr, Gabelsbergerstr. 85, Tel. 523 62 49, U 2 Königsplatz*

Sum (124/C 4)
Die findigen PR-Leute von Beck am Rathauseck haben auch an den Hunger der Kunden gedacht. Feiner Asiate, im Preisniveau dem Stammhaus angepasst. *Mo–Fr 10.30–17.30 Uhr, Sa bis 14 Uhr, Marienplatz 2, U-S-Bahnhof Marienplatz*

RESTAURANTS KATEGORIE 1

(Essen für eine Person etwa zwischen 80 und 110 Mark)

Bogenhauser Hof (120/C 3)
Nicht nur Tempel, sondern auch Tipp. Die Küche entspricht dem Ambiente: Man kann auch

deutsch edel kochen. *Tgl. außer So 11.30–15 und 18–24 Uhr, Ismaninger Str. 85, Tel. 98 55 86, U 4/5 Max-Weber-Platz*

Gasthaus Glockenbach (118/C 4)
★ Karl Ederer gilt als bester »junger Wilder« unter Münchens Köchen. Ein-Stern-Lokal in der Schlachthofgegend. Tendenz der Küche: gallisch. *Tgl. außer So, Mo und Feiertage, Kapuzinerstr. 29, Tel. 538 97 31, U 3/6 Goetheplatz*

Hunsingers Pacific (124/B 3)
Das ehemalige *Aubergine* bietet Extravagantes für Gaumen mit Mut zu Exotischem (Oktopus mit roten Bohnen) zu korrekten Preisen. Werner Hunsinger kocht, was der Name verspricht. An der Feinabstimmung wird gearbeitet. *Tgl. 12–14.30, 18–22.30, Maximilianplatz 5, Tel. 55 02 97 41, U-S-Bahnhof Stachus*

Welser Kuchl (124–125/C–D 3)
Ideal für all jene, die in der Öffentlichkeit mit Messer und Gabel nicht umgehen können: Denn hier speist man wie vor 500 Jahren ein reiches mittelalterliches Menü nach Art der Ritter, dienstags 10 Mark billiger. *Tgl. 19–1 Uhr, Tel. 29 65 65, Residenzstr. 27, U 3/4/5/6 Odeonsplatz*

RESTAURANTS KATEGORIE 2

(Essen für eine Person etwa zwischen 30 und 80 Mark)

Andechser am Dom (124/C 4)
★ Gelobt sei der Herr! Jetzt haben die Mönche des Brauklosters in Andechs auch einen kulinarischen Tempel in der Innenstadt. Vom Wurstsalat bis Zander mit Trüffel. Kein Gebetszwang, dafür Bayerns bestes Bier. *Tgl. 10–1 Uhr, Weinstr. 7a, Tel. 29 84 81, U-S-Bahnhof Marienplatz*

Grüne Gans (124/C 4)
Mit nur 20 Plätzen vom Kleinsten und vom Feinsten. Täglich wechselnde Karte mit frischen Gemüsen vom Markt. *Tgl. außer So, Am Einlass 5, Tel. 26 62 28, U-S-Bahnhof Marienplatz*

Makassar (119/D 5)
★ Mediterranes mitten im Glockenbachviertel. Der Küchenchef war Schiffskoch bei Meeresforscher Jacques Cousteau. Er hat auch ein feines Händchen für kreolische Küche, in der scharfe Gewürze eine große Rolle spielen. *Tgl. 18–1 Uhr, Küche bis 24 Uhr, Tel. 77 69 59, Dreimühlenstr. 25, U 3/6 Sendlinger Tor, Bus 31 bis Ehrengutstraße*

Bier

Flüssiges Brot, Manna, Labsal zu jeder Tagesstunde. Es gibt Helles, Dunkles, helles Weißbier, dunkles Weißbier, Starkbier (zu entsprechend benannten Zeiten) und Oktoberfestbier. Ausgeschenkt in Halbliter- oder Literkrügen (= eine Halbe oder eine Maß), Weißbier in speziellen Gläsern nur 0,5 Liter. Leider dominieren hier fünf Großbrauereien mit Einheitsgebräu; wer Bier liebt, sucht nach entsprechenden Wirtshäusern von Kleinbrauereien (z. B. Hopf-Weißbier oder Kaltenberg-Helles/Dunkles).

Romagna Antica **(113/E 4)**
Italiener gehobener Provenienz, Vorbild für Helmut Dietls »Rossini«-Film, aber netter. *Mo–Do 12–14.30 und 19–23.30 Uhr, Fr 19–23.30 Uhr, So/Feiertage geschl., Elisabethstr. 52, Tel. 271 63 55, U 2 Hohenzollernplatz, Bus 33*

Rusticana **(121/E 2)**
Das etwas zu folkloristische Ambiente wird wettgemacht durch Münchens beste Spareribs. Witzige Mischung aus amerikanischer Küche und Haidhauser Vertretercharme. *Di–Do 18 bis 1 Uhr, Fr und Sa 18–3 Uhr, So/Mo Ruhetag, Grillparzerstr. 7, Tel. 470 38 87, U 4 Prinzregentenplatz*

Werneckhof **(114/B 4)**
Ungewöhnlich, aber gut: Französische Küche in bayerisch-bäuerlichem Rahmen. *Tgl. 18 bis 24 Uhr, Okt.–Mai auch Mo–Fr 11.30–14.30 Uhr, Werneckstr. 11, Tel. 39 99 36, U 3/6 Münchner Freiheit*

RESTAURANTS KATEGORIE 3

(Essen für eine Person etwa zwischen 10 und 30 Mark)

Augustiner Großgaststätten **(124/B 4)**
Trotz touristisch günstiger Lage eine immer noch recht ursprüngliche »Bierhalle« mit qualitätvollem Essen. Man reicht Bier der ältesten Brauerei Münchens und ist stolz auf Münchner Gaststätten-Tradition seit 1328. *Tgl. 9–1 Uhr, Neuhauser Str. 25–27, Tel. 23 18 32 57, U-S-Bahnhof Marienplatz oder Stachus*

Rettiche sind auch alte Hausmittel gegen Leber- und Gallenbeschwerden

Braunauer Hof **(125/D 5)**
Im besten Sinne gutbürgerliche Küche, für manchen Geschmack ein wenig zu rustikal eingerichtet. *Tgl. außer So und Feiertage 10–24 Uhr, Frauenstr. 42, Tel. 22 36 13, S-Bahnhof Isartor*

Franziskaner Fuchsenstubn **(124/C 3)**
★ Ehrwürdige Gaststätte mit Betonung auf dem Wörtchen »Gast«. Mit die besten Weißwürscht zum Frühstück. Abends sei Wild empfohlen. *Tgl. 11 bis 1 Uhr, Perusastr. 5, Tel. 231 81 20, U-S-Bahnhof Marienplatz*

Fraunhofer **(124/C 6)**
★ Münchens bekannteste Studentenkneipe. Ein Hort der 68er Gedanken und der bierschweren Nostalgie. *Tgl. 17–1 Uhr, im Winter So ab 11 Uhr Frühschoppen, Fraunhoferstr. 9, Tel. 26 64 60, U 1/2 Fraunhoferstraße*

Hofbräuhaus **(125/D 4)**
»In München steht ein ...« Na, das kennt ja jeder auf der Welt. Ein Hofbräuhaus. Hier gibt es zu Weißwürsten hausgemachten süßen Senf, jede Menge Bier, Touristen und Münchner mit Besuch. Musikkapellen sorgen für echt bayerische Stimmung. *Tgl. 10–24 Uhr, Am Platzl 9, U-S-Bahnhof Marienplatz*

Isarbräu **(O)**
Neotraditionelles Wirtshaus im ehemaligen Isartalbahnhof. Attraktion des Hauses ist die Brauerei direkt im Gastbereich, das Bier ist durchaus charaktervoll, das Essen gehobener Bayern-Durchschnitt. *Tgl. 10–1 Uhr, Kreuzeckstraße/Großhesselohe, Tel. 79 89 61, S-Bahn 7, Großhesselohe*

Lyra **(120/C 4)**
Kenner sagen, dies sei Münchens griechischster Grieche, was einem Lob entspricht: Das Lamm aus dem Ofen ist »poly kala«, also zu empfehlen. *Tgl. 18–1 Uhr, Bazeillesstr. 5, Tel. 48 66 61, S-Bahnhof Rosenheimer Platz*

Il Soprano **(118/C 6)**
★ Unbestritten Münchens bester Nudel- und Fischitaliener direkt an der Großmarkthalle, im Eishaus mit den drei Pinguinen drauf. Klein, eng, laut, fantastico! Am besten gleich ausprobieren. *Tgl. 18–1 Uhr, Kochelseestr. 8, Tel. 725 52 88, U 3/6 Implerstraße*

Straubinger Hof **(124/B 5)**
★ Hier speist der Münchner seine Spezialitäten. Zu den Hauptessenszeiten meist überfüllt. Im Sommer genießt man unter freiem Himmel im kleinen Biergarten. *Tgl. außer Sa Abend, So und Feiertage 9–23 Uhr, Blumenstr. 5, Tel. 260 84 44, U-S-Bahnhof Marienplatz*

Weinbauer **(114/B 4)**
Trotz neubayerischer Renovierung ein angenehmes Wirtshaus mit gutem Bier zu erträglichen Preisen. Viele Studenten. *Tgl. 10–1 Uhr, Fendstr. 5, Tel. 39 81 55, U 3/6 Münchner Freiheit*

Weißes Bräuhaus **(124/C 4)**
★ Auch nach der Totalrenovierung vor einigen Jahren ist das Weiße Bräuhaus ein uriges bayerisches Wirtshaus geblieben, mit derb-grantigen, aber bewundernswert fixen Kellnerinnen und den himmlischsten Semmelknödeln auf Erden. *Tgl. 7–24 Uhr, Tal 7, Tel. 29 98 75, U-S-Bahnhof Marienplatz*

Shopping mit Pfiff

Die Modestadt München lädt ein zum Bummeln und Schlendern. Schönes und Ausgefallenes gibt es in reichhaltiger und exquisiter Auswahl

Die belebtesten Geschäftsmeilen in Münchens Fußgängerzone sind die Neuhauser- und die Kaufingerstraße zwischen Marienplatz und Stachus mit der neuen Hypobank-Passage und der »Arcade«. Hier liegen dicht beieinander Kaufhäuser, Bekleidungsgeschäfte, Juweliere und Plattenläden. Straßenkünstler und Musikanten schaffen es noch immer, die konsumsüchtigen Mitmenschen, wenn auch nur für kurze Zeit, in ihrem Kaufrausch zu bremsen.

Die zweite Achse der Fußgängerzone, vom Marienplatz zum Odeonsplatz, gehört dann schon zum Kapitel »dicker Geldbeutel«. In der ★ Theatinerstraße (auch »Theatinerboulevard« genannt) und den hübschen Passagen, die auf beiden Seiten von ihr abzweigen, findet man exquisite Modeboutiquen, Herrenausstatter, Hutsalons, italienische Schuhgeschäfte, Juweliere und Kunstgalerien. Dieses exklusive Einkaufsviertel umschließt den ganzen Bereich um die Perusa- und Residenzstraße, bis hinauf zur Briennerstraße und zum Salvatorplatz. Nicht weniger elegant der daran angrenzende Luitpoldblock, ein Einkaufszentrum zwischen Wittelsbacher-, Amira- und Maximiliansplatz. Hier residieren rund dreißig Nobelfachgeschäfte, wie das Kunstauktionshaus Karl und Faber, eine Valentino-Boutique, Yves Saint Laurent und Pilati-Design. Doch der unumstrittene Münchner Einkaufs-Prachtboulevard ist die Maximilianstraße. Hier – zwischen Nationaltheater und Altstadtring – findet man nur das Teuerste vom Teuren – sei's nun Jagdkleidung, Schmuck oder Kunst.

Zu einer attraktiven Einkaufsstraße mit vielen kleinen Boutiquen (erschwingliche Ware) hat sich in den letzten Jahren die ★ Sendlinger Straße vom Marienplatz bis zum Sendlinger Tor entwickelt. Wen in der Fußgängerzone Platzangst und Panik befällt, der sollte hierher ausweichen. Kurz vor der Asamkirche, und leicht zu übersehen, verbindet eine Einkaufspassage

Fein und teuer:
der tägliche Viktualienmarkt

die Sendlinger- mit der Kreuzstraße: die Asampassage, eine ruhige Insel inmitten der Stadt, mit Cafés, Kneipen und Geschäften. Tal heißt die Straße zwischen Marienplatz und Isartor, die dem Touristen eine interessante Mischung von Geschäften – vom Andenkenladen mit Bayernkitsch bis zum Computergeschäft bietet.

Wer den Zeitgeist und flippigere Dinge sucht, muss nach Schwabing. Und zwar nicht nach Altschwabing ins Neppviertel, sondern ins Studentenviertel zwischen Leopold-, ★ Hohenzollern-, Amalien-, ★ Schelling- und Türkenstraße. Hier wechseln die Moden und Geschäfte so schnell, dass man nur den Tipp geben kann: einfach herumschlendern, schauen, genießen und sich inspirieren lassen. Die Amalienpassage, unauffällig eingebettet zwischen den alten, ehrwürdigen Häusern hinter der Universität, verbindet die Türken- und die Amalienstraße: Kleine, stimmungsvolle Cafés, schicke Modeboutiquen, asiatische und südamerikanische Läden gehören zum Ambiente. Wer Günstiges aus der Computerwelt sucht, ist am besten in der Landwehrstraße nahe dem Stachus aufgehoben. Vergleichen lohnt sich!

Die Geschäfte und Kaufhäuser sind von Montag bis Freitag von 9 bis 20 Uhr geöffnet, am Samstag nur bis 16 Uhr (außerhalb der Innenstadt meist nur bis 14 Uhr). Die längeren Öffnungs-

MARCO POLO TIPPS FÜRS SHOPPING

1 Viktualienmarkt
Frisches zum Knabbern und Kochen (Seite 63)

2 Beck am Rathauseck
Das Kaufhaus mit besonderen Ideen (Seite 60)

3 Käfer-Markthallen
Einkaufen wie bei Gott in Frankreich und deutlich billiger als im Käfer-Haupthaus (Seite 60)

4 Radspieler
Edles Kunstgewerbe als Designphilosophie (Seite 62)

5 Schellingstraße
Schwabings Bummel- und Kaufmeile, ohne Schund (Seite 58)

6 Hohenzollernstraße
Selbiges, aber edler (Seite 58)

7 Theatinerstraße
Gediegen, aber reell (Seite 57)

8 Dallmayr
Kaufhalle der Köstlichkeiten von Amaretto bis Zabaione, dazu erlesenster Kaffee und Tabak. Feiner Stehimbiss (Seite 59)

9 Zerwirkgewölbe
Edles Wild vom Metzger, der sein Handwerk versteht (Seite 60)

10 Sendlinger Straße
Mode für jeden Geldbeutel (Seite 57)

zeiten gelten also nur für die Innenstadt, da sie nur hier in Anspruch genommen werden.

ANTIQUITÄTEN UND ANTIQUARIATE

Antiquitätengeschäfte konzentrieren sich in Schwabing in der Türken-, Barer- und Briennerstraße, um den Promenadeplatz und in den kleinen Straßen zwischen dem Viktualienmarkt und Isartor.

Antiquariat Maxvorstadt I (114/A 6)
Nicht ganz wahllos aus der Vielzahl der in dieser Gegend beheimateten Antiquariate ausgewählt. Spezialist für Bücher über bayerische Geschichte. Aber auch sonst ideal zum Gruschteln (bairisch für wühlen). *Mo, Di, Do, Fr 11.30–18 Uhr, Mi 13–16, Sa 10–13 Uhr, Schellingstr. 32 (Ableger in der Schellingstr. 129), U3/6 Universität*

Gabriele Ruef (124/B 3)
Erste Adresse für süddeutsche Volkskunst. Bäuerliche Antiquitäten aus der Zeit vor 1830. Delfter Fliesen. *Ottostr. 13 (Neuer Kunstblock), U-S-Bahnhof Stachus, Tram 18*

Ketterer (124/B 2)
Auktionshaus für moderne und alte Kunst, Afrika/Ozeanien/präkolumbische Kunst, Jugendstil und angewandte Kunst. *Brienner Straße 25, U 3/4/5/6 Odeonsplatz*

Kunstauktionshaus Neumeister (124/B 1)
Eines der renommierten Häuser der Branche. Versteigert werden qualitätvolle, schöne Antiquitäten, Skulpturen, Teppiche, Möbel, Gemälde und Grafik. Schwerpunkt: Gemälde alter Meister, Werke der Münchner Schule und Bilder aus dem 19. und 20. Jh. *Barerstr. 37, Tram 18, Bus 33*

BIOLADEN

Erdgarten (113/F 4)
Ältester und bestsortierter Bioladen Münchens, nahe dem Hohenzollernplatz: Vom Müsli bis zum biologisch-dynamisch angebauten Wein, von der Kerze aus reinem Bienenwachs bis zum umweltfreundlichen Waschmittel ist alles vorhanden. Kundenfreundlich. *Tengstraße 31, U 2 Hohenzollernplatz*

DELIKATESSEN

Selbst die Bayerische Staatsregierung kann sich nicht entscheiden zwischen Dallmayr und Käfer: Bei offiziellen Empfängen – wie der Verleihung des Bayerischen Filmpreises – wird mal der eine, mal der andere gebeten zu servieren.

Dallmayr (124/C 4)
★ Das Münchner Feinkostgeschäft mit Tradition und Stil. In den historischen Hallen mit den wuchtigen Marmorsäulen erwartet den Feinschmecker ein wahres Paradies voller Köstlichkeiten: frische Salate, Pasteten, Hummer und Lachs, 120 ausgesuchte Wurstsorten, 250 verschiedene Sorten Käse, Wild, Geflügel und Fleisch. Daneben erlesene Tee- und Kaffeesorten, Weine, exklusive Tabake, eine wunderbare Confiserie und exotische Spezialitäten. Im ersten Stock das hauseigene Schlem-

merlokal. *Dienerstraße 14/15, U-S-Bahnhof Marienplatz*

Garibaldi **(114/A 6)**
Kleines Feinkostgeschäft mit original italienischen Spezialitäten und persönlicher Atmosphäre. Bekannt für seine vorzüglichen Weine. Kleiner Stehimbiss. Mehrere Filialen. Ur-Garibaldi in der *Schellingstr. 60, U 3/6 Universität, Tram 18, Bus 53*

Käfer **(121/D 2)**
Käfer ist weniger ehrwürdig, dafür »in« in Münchner Schicki-Micki-Kreisen. Und: Zu Käfer geht man nicht nur, Käfer lässt man kommen. Schwerpunkte des umfangreichen Angebots sind Fisch, Wein und Käse (im Angebot: 240 Sorten aus Frankreich; 150 Sorten aus Italien). Im Wechsel lockt Käfer mit italienischen oder französischen Wochen. Berühmt ist auch das Käfer-Zelt auf der Wies'n. *Prinzregentenstr. 73, U 4 Prinzregentenplatz, Tram 18, Bus 53*

Zerwirkgewölbe **(125/D 4)**
★ Bayerns ältestes Wildgeschäft (im Jahre 1264 unter Herzog Ludwig dem Strengen erbaut) mit in- und ausländischen Wildspezialitäten. Daneben: Feinkostsalate, Grillwürste, Käsespezialitäten, individuell gestaltete Geschenkkörbe und Jagdtrophäen. *Ledererstr. 3, U-S-Bahnhof Marienplatz*

ENGLISCHE BÜCHER

Anglia English Bookshop **(114/A 6)**
Das ist der unordentlichste Buchladen der Welt. Trotzdem findet das Personal zielsicher, wonach man fragt. Oder kann es aus aller englischsprachigen Welt besorgen. Ein echtes Erlebnis! *Schellingstr. 3, U3/6 Universität*

KAUFHÄUSER

Beck am Rathauseck **(124/C 4)**
★ Das etwas andere Kaufhaus: originell, witzig, charmant. Textilpalast über sechs Stockwerke, direkt am Marienplatz. Nicht nur die Schaufensterdekoration wird einfallsreich ausgetüftelt, auch die Innenausstattung birgt immer neue Überraschungen: vom Weihnachtsmann bis zur Strandpalme, vom Geigensolo (live) bis zum Korbflechter oder Buchbinder, die ihrem Handwerk nachgehen. Bei Beck gibt's neben populären Qualitätskollektionen und einer wirklich großen Strumpf- und Knopfabteilung auch Modellstücke aus Jungdesignerhand. Einzigartig sind Auswahl und Angebote in den CD-Abteilungen für Klassik, Jazz und Ethno-Musik. Kundigere Verkäufer findet man nirgendwo in der Republik. Und der Getränke- und Buchableger in der Burgstraße gegenüber ist ohnehin eine Oase für Genießer. Nicht weitersagen! Nebenan in der Dienerstraße: Becks Spezialläden für Mieder und Strümpfe. Kartenvorverkauf nicht nur für eigene Kulturangebote. *Marienplatz 11, U-S-Bahnhof Marienplatz*

Hertie am Bahnhof **(124/A 3)**
Seit 1905 gibt es dieses Kaufhaus in München, das heute zu den ganz großen in der Bundesrepublik gehört. Neben dem üblichen Warenhaus-Angebot hat dieses Hertie noch einige Besonderheiten anzubieten: die ★ Käfer-Markthallen und die

Lenôtre-Patisserie für Feinschmecker sowie eine Bavarica-Buchhandlung. *Bahnhofsplatz 7, U-S-Bahnhof Hauptbahnhof*

Jeans-Kaltenbach (124/B 4)
Wirbt bis heute unbestritten damit, größter Jeansladen der Welt zu sein. Auf mehrere Etagen verteilt, gibt es bei Kaltenbach Marken-Jeans, -hemden und -jacken in allen Größen, Farben und Preisklassen sowie alles, was nur irgendwie zur Jeans passt (vom Gürtel bis zum Stiefel). *Herzogspitalstr. 4/Nähe Altheimer Eck, U-S-Bahnhof Marienplatz*

Sport Scheck (124/B 4)
Jahrelang galt dieses Spezialkaufhaus als »größtes Sporthaus der Welt«. Und berühmt war die Möglichkeit, neben Treppe und Aufzug von Geschoss zu Geschoss zu gelangen: die legendäre Sportkletterwand im Treppenhaus (Erstbesteigung: Reinhold Messner). Seit das Geschäft nun, ohne große Öffentlichkeitsarbeit, an den Otto-Versand gegangen ist, scheint ein bisschen die Luft raus zu sein. Das Niveau der Kundenbetreuung ist deutlich gesunken, das Angebot nach dem bayerischen Motto »aus jedem Dorf ein Hund« aufbereitet, statt auf Qualität hat man sich mehr auf Quantität und die Teenie-Sportarten wie Rollerblades, Windsurfing und Skateboards verlegt. Das entsprechende Outfit ist relativ teuer, positiv sticht nur die Fachberatung in der Segelsportabteilung hervor (beim Hofgraben-Eingang der Süddeutschen Zeitung). Die Tauchabteilung hat gerade einen Relaunch erfahren. *Sendlinger Str. 85, U-S-Bahnhof Marienplatz*

Sporthaus Schuster (124/C 4)
Nur wenige Meter vom »Scheck« entfernt ist das zweite große Sportlerparadies. Sporthaus Schuster zählt mit fünfeinhalbtausend Quadratmetern Verkaufsfläche ebenfalls zu den großen Sportfachgeschäften der Welt. Weltberühmt ist die Bergsteigerabteilung, die sowohl Hobbybergsteiger als auch Expeditionen ausrüstet. *Rosenstr. 3–6, U-S-Bahnhof Marienplatz*

KUNSTGALERIEN

Obwohl sich junge, experimentell arbeitende Künstler in der konservativen Isarmetropole sehr schwer tun, wartet die Stadt mit rund 100 Galerien auf, die ein erstaunlich spannendes Programm bieten. Wohl symptomatisch für München ist, dass sich die meisten der bekannten Galerien rund um die Maximilianstraße niedergelassen haben. (Jeden ersten Donnerstag im Monat ist langer Galerienabend.) Schwabing jedenfalls hat als Künstlerviertel ausgedient. Die wichtigsten Münchner Galerien und Ausstellungsräume geben ein Monatsfaltblatt heraus. Es liegt in jeder Galerie aus.

KUNSTGEWERBE

Antiquitäten Muggenthaler (120/A 4)
Margit Muggenthaler ist sicherlich Münchens sympathischste Profitrödlerin. Ihre Spezialität: Jugendstilkleider und -gläser. *Meist nur 14–18 Uhr, Fraunhoferstr. 1, U 1/2 Fraunhoferstraße*

Bauernmöbel Ruhland (124/C 5)
Volkskunst und Bayernkitsch stehen hier dicht beieinander:

Notenständer, Bauernkommoden, mundgeblasene böhmische Glaskrüge, König-Ludwig-Bierkrüge, Zinnteller, Schnupftabakflaschen und echte Weihwasserkessel – ein buntes Sammelsurium. *Sebastiansplatz 4, U-S-Bahnhof Marienplatz*

Bayerischer Kunstgewerbe-Verein (124/B 3)
300 Werkstätten aus Kunst und Handwerk stellen hier aus, beraten und verkaufen. Man findet hier Einfaches und Avantgardistisches. *Pacellistr. 7, U-S-Bahnhof Stachus, Tram 19*

Go in (124/B 4)
Das Designhaus für Leute mit Geschmack. Ausgefallene Möbel, Geschirr, Lampen, Küchenaccessoires, hübscher Krimskrams. *Herzogspitalstr. 3, U-S-Bahnhof Marienplatz oder Stachus*

Künstlerwerkstatt Lothringer Straße (120/C 4)
Etablierte Avantgarde, Ausstellungen wechseln alle sechs Wochen. Im ersten Stock Medienlabor für Computerkunst, ein Tipp der kleine Laden daneben mit Werken junger Akademieabsolventen. *Lothringer Str. 13, S-Bahnhof Rosenheimer Platz*

Kunst und Spiel (114/B 5)
Außer kunstgewerblichen und kunsthandwerklichen Gegenständen gibt es hier auch pädagogisch wertvolles Holzspielzeug und Bastelbedarf sowie Jugendbücher zu kaufen. In der Textilabteilung gibt es Kinderkleidung aus Naturfasern und Wolle, Garne und Webgeräte. Nicht billig. *Leopoldstraße 48, U 3/6 Giselastraße*

Papyros (124/B 4)
Erlesene Papiere, edle Füllfederhalter und Tinten in großer Auswahl. *Eisenmannstr. 4, U-S-Bahnhof Marienplatz*

Porcelaine blanche (114/A 6)
Nur Porzellan – nur in Weiß. Vom Messerbänkchen bis zu Kerzenleuchtern aus Großmutters Zeiten, plus Urgroßmutters weißer Kaffeekanne. *Schellingstr. 48, U 3/6 Universität, Bus 53*

Radspieler (124/B 4)
★ Edelkaufhaus in der Hackenstraße in dem gleichnamigen »Radspielerhaus«. Vom »durchdesignten« Kartoffelschäler bis zum Rolls-Royce-Koffer, nur von einem Chauffeur in Livree zu tragen. Radspieler F. & Co. hat alles fürs Haus – aber nur exquisite Ware. Volkskunst, Stoffe, Keramik, Geschirr, Möbel im Eckhaus gegenüber. *Hackenstr. 4 und 7, U-S-Bahnhof Marienplatz*

Wachszieher am Dom (124/C 4)
Kerzenfachgeschäft, das auch Wachsbilder und Geschenkartikel aus Keramik und Holz anbietet. Einer der letzten nichtindustriellen Hersteller von Kerzen. *Sporerstr. 2, U-S-Bahnhof Marienplatz*

MÄRKTE UND FLOHMÄRKTE

Für Trödelfans hat München so gut wie nichts mehr zu bieten. Der Traum vom großen Flohmarkt wurde mit dem Abriss der Dachauer-Hallen – vormals das Trödelparadies an Wochenenden – 1989 staatlicherseits endgültig zerstört. Alternativen fehlen und sind auch nicht erwünscht, denn die Stadt soll

»clean« bleiben. Ein bisschen Trödel gibt es wochentags, während der Mittagszeit, rings um die große Unimensa in der Giselastraße (**114/B5**), und beliebt ist der am Samstag im Kunstpark Ost an der Grafinger Straße (U/S-Bahn Ostbahnhof). Als Ausweichmöglichkeit bietet sich der Flohmarkt Arnulfstraße am alten Containerbahnhof an. Hier gibt es viel Plunder, aber wenig für Profis und Sammler. *Fr und Sa 7–18 Uhr, S-Bahnhof Hackerbrücke* (**118/B2**)

Elisabethmarkt (114/A 4)
Klein, intim und überschaubar. Nur wenige Touristen verirren sich in diese Ecke von Schwabing. Der Markt am Elisabethplatz ist ein geschätztes Überbleibsel aus dem Alt-Schwabinger Familienleben. Verkauft werden Obst, Gemüse, Käse, Fisch und Geflügel sowie Blumen. *Tgl. außer So, Elisabethplatz, U2 Hohenzollernplatz, Tram 18*

Markt am Wiener Platz (125/F 5)
Ein kleiner, noch uriger Markt in Haidhausen mit einer Handvoll Buden, die seit Jahrzehnten in festen Händen sind. Direkt am Hofbräukeller (schöner Biergarten), nur 100 Meter vom Bayerischen Landtag entfernt, lohnt sich der Besuch auch wegen der Umgebung. Das »In«-Café (Café Wiener Platz) an der Ecke Steinstraße liegt voll im Trend. Empfehlenswert ist auch ein Bummel durch die Steinstraße zum Rosenheimer Platz: Einige ausgefallene Geschäfte (Second-Hand, Fünfzigerjahre-»Antiquitäten« u. a.). *Tgl. außer So, U 4/5 Max-Weber-Platz*

Die Theatinerstraße

Viktualienmarkt (124/C 4)
★ Größter und ältester Münchner Lebensmittelmarkt (seit 1807) in unmittelbarer Nähe des Marienplatzes. Angeboten werden Obst, Gemüse, Kräuter, Blumen, Milchprodukte, Eier, Geflügel, Wein, Brot und Honig; in den Hallen Fisch, Fleisch und Wild. Der Markt hat noch etwas von der viel beschworenen Münchner Gemütlichkeit und Atmosphäre bewahrt, und unter den Marktfrauen findet sich noch so manches Münchner Original. Die Metzger haben eine eigene Ladenzeile in den Arkaden unter dem Petersberg. Der Viktualienmarkt steht für hohe Qualität und hohe Preise. Besonderheiten: der Maibaum des Vereins Münchner Brauereien, ein kleiner Biergarten und die sechs Gedenkbrunnen mit Standbildern bayerischer Volkssänger, Komiker und Humoristen. Fast täglich bekommen Karl Valentin und die anderen Münchner Ideale frische Blumen in die Arme gelegt. *Tgl. außer So 7.30 bis 18 Uhr, U-S-Bahnhof Marienplatz*

MODE

München war lange Zeit international gar nicht so unbedeutend, was vor allem junge Mode angeht. Doch seit sich die zweimal im Jahr stattfindende Modewoche wegen Streit unter den Veranstaltern aus der Szene gebeamt hat, gibt es nur noch ein paar Country-Style-Geschichten. Doch nicht nur, weil hier am Rossmarkt eine gesuchte Modeschule zu Hause ist, sondern weil München ein riesiges Reservoir an kaufwütigen, jungen, betuchten Menschen hat, findet sich in den Boutiquen alles, was der Geldbeutel hergibt. Zunehmend schießen Outletshops aus dem Boden. Es lohnt sich, die Anzeigen der Tageszeitungen zu studieren.

Karl Wagner **(125/D 4)**
Das Fachgeschäft für Lederhosen. Ob kurz oder lang, ob aus Rinds-, Elch- oder Hirschleder, ganz schlicht oder bunt bestickt, hier finden Sie alles. Für eine Maßgeschneiderte muss man zwischen 500 und 1500 Mark auf den Tisch legen. *Tal 77, U-S-Bahnhof Marienplatz*

Loden-Frey **(124/C 3)**
Das große Spezialhaus für Loden und Trachten ist längst über das heimatliche Renommee hinaus gewachsen. Es gibt alles vom Trachtenschuh und dem guten alten Lodenjanker (seit neuestem ja wieder »in« – wenn auch modisch aufgepeppt) bis zum Gamsbart-Hut. Dazu englische, französische und italienische Modellkleidung und viele Accessoires. *Maffeistr. 7–9 (direkt hinter dem Dom), U-S-Bahnhof Marienplatz*

Lust auf Mode **(112/B 5)**
Kleiner Laden für junge Leute mit etwas mehr als nur Taschengeld. Alle großen Namen der Modewelt sind hier vertreten, oft recht weit herabgesetzt. *Leonrodstr. 6, U1 Rotkreuzplatz*

Nicowa **(119/E 3)**
Kleiner, feiner Laden in der Sendlinger Straße, der größtenteils elegante, junge Damenmode aus eigener Produktion anbietet. »Bei uns erfahren Sie die Zukunft«, dieses Motto ist vielleicht ein bisschen hoch gegriffen. Aber für die nächste Cocktailparty reicht das Angebot auf alle Fälle. *Sendlinger Str. 46, U-S-Bahnhof Sendlinger Tor*

Peak Performance **(119/E 2)**
Einer der edelsten Ausstatter für Outdoor-Experiences. Dieser amerikanische Markenhersteller (sein Konkurrent heißt »Patagonia« und sitzt in der Leopoldstraße 47 – **114/B4**) wird auch von Leuten besucht, die mit dem All-Wheel-Drive durch die Stadt düsen. *Färbergraben 11, U-S-Bahnhof Marienplatz*

Rudolf Moshammer **(125/D 4)**
Münchner Schickimicki-Herrenschneider, der immer wieder in Münchens Klatschspalten präsent ist. Einer der erfolgreichen Aufsteiger, die sich eine Adresse an der Maximilianstraße leisten können. Immerhin kann man hier Jacketts für 16 000 Mark kaufen. *Maximilianstr. 14, U-S-Bahnhof Marienplatz*

Tracht und Heimat **(119/E 3)**
Der Durchschnitts-Preiß kauft Country-Style-Mode in einem der vielen Kaufhäuser. Der Ken-

ner echter bayerischer Tracht geht hierher und lässt sich das G'wand auf den Leib schneidern. Nicht billig, aber original. *Oberanger 9, U-S-Bahnhof Sendlinger Tor*

VERMISCHTES

Bear's & Friends **(113/F 6)**
Ein Dorado für alle Leckermäulchen, deren Leidenschaft die bunte Welt der Gummibärchen ist. In diesem kleinen Laden gibt es an die hundert in Form, Farbe und Geschmack verschiedene Varianten. Man darf nur nicht darüber nachdenken, aus was diese Geleemasse gemacht ist. *Schellingstr. 42, U3/6 Universität*

Eduard Meier **(124/C 3)**
Deutschlands ältestes Schuhhaus – Hoflieferant seit 1596. Auf der Visitenkarte heißt es: »Feine Schuhwaren, Jagdanzüge, Fliegenfische«. *Residenzstr. 22, U-S-Bahnhof Marienplatz oder U 3/4/5/6 Odeonsplatz*

Essig und Öl **(124/C 5)**
Die »erste Münchner Essig & Öl Compagnie« firmiert auch unter »Zukünftiger Königl. Bayr. Hoflieferant«. 100 verschiedene Öl- und Essigsorten. *Mo 13 bis 18.30 Uhr, Di–Sa 10–18.30 Uhr, Blumenstr. 1, U 3/4 Marienplatz*

Et cetera **(125/D 3)**
Karl Valentin könnte für diesen Laden Pate gestanden haben: eine Ansammlung an original bayerischen Kuriositäten und liebenswerten Spinnereien. Da gibt es den bayerischen Globus oder eine Uhr, die rückwärts läuft. *Wurzerstr. 11 (genau 111 Schritte vom Hotel Vier Jahreszeiten), U-S-Bahnhof Marienplatz*

Film Oldies **(124/B 6)**
Eine Fundgrube für Cineasten und Film-Nostalgiker. Verkauf, Ankauf, Verleih von Filmplakaten. Filmbücher, -programme, Autogramme und Standfotos aus über 50 Jahren Kinogeschichte. *Mo–Fr 12.30–18.30 Uhr, Müllerstr. 46, U-Bahn Sendlinger Tor*

Nymphenburger Porzellan **(119/F 1)**
Es mag auf den ersten Blick eigenartig anmuten, Bayerns berühmtestes Porzellan unter »Vermischtes« einzuordnen. Doch sind sowohl Qualität wie Preis jenseits dessen, was man einfach so beim Shopping mitnimmt. Der Laden atmet den Hauch des Exquisiten, der Tradition (seit 1747). Man muss ja nicht gleich ein zwölfteiliges Service erstehen, eine kleine feine Tasse tut es auch. *Odeonsplatz 1, U 3/6 Odeonsplatz*

Outdoor Schuhe **(118/C 4)**
Wer sich kurzfristig zu einem Trip in die Berge entschließt, kann hier bei bestem Service und zu reellen Preisen das geeignete Schuhwerk erstehen und auch schon mal ein paar Tipps für die Wanderung bekommen. *Mo–Fr 10–19 Uhr, Sa 10–14 Uhr, Kapuzinerplatz, U 3/6 Goetheplatz*

Vee's Kaffee und Bohnen **(119/F 3)**
Die Kaffeewelle schwappt ausgerechnet aus den USA nach Deutschland, jenem Land, das den schlechtesten Kaffee der Welt verkauft. Doch wer zum »Cuping«, also zum Testtrinken, ins Vee's geht, wird erfahren, was der Unterschied zwischen Bohnen aus Guatemala, Äthiopien oder Papua-Neuguinea ist. *Frauenstr. 18, U-S Bahnhof Marienplatz*

KEMPINSKI
HOTELS
HOTEL VIER JAHRESZEITEN KEMPINSKI MÜNCHEN

Traumhaft schlafen

Von der Nobelherberge bis zur gemütlichen und preisgünstigen Pension hat München alles für eine gute Nacht zu bieten

Der Hamburger Journalist lebt, wenn er in München weilt, meist im Hotel Olympic, der Gegend wegen; der Industrielle Ernst von Siemens hatte nahezu zeit seines Lebens ein luxuriöses Apartment als Dauermieter im Hotel Bayerischer Hof. Und wer sich noch an die TV-Serie »Kir Royal« erinnert, weiß, in welcher Pracht die noblen Gäste der Stadt residieren, in Königs- und Prinzen-Suiten, die pro Nacht gut und gerne 1000 Mark und mehr kosten.

Der ganz normale Münchenbesucher wird, wenn er nicht aufpasst, auch ganz schön zur Kasse gebeten, vor allem während der Hauptbesuchszeiten der Stadt, des Oktoberfests oder der großen Messen. Doch neben den berühmten Hotelpalästen, neben den Häusern der amerikanischen Multikonzerne und den traditionsreichen teuren Absteigen hat die Stadt eine ganze Reihe mittlerer und kleiner Hotels und Pensionen, die über das Jahr gesehen im Schnitt nur gut zur Hälfte belegt sind.

Eine der ersten Adressen: das Hotel Vier Jahreszeiten

Wer weit vorausplant, sollte nicht nur auf das Datum seines Münchenbesuchs achten (am schönsten ist es hier im Frühling oder während der Sommerferien, wenn die Münchner selbst auf Reisen sind). Er sollte sich erkundigen, ob sein Hotel eine günstige Anbindung an das öffentliche Verkehrsnetz hat. Denn Fahren und Parken in der Innenstadt stressen nicht nur den Fremden. Man kann sich entweder über das Fremdenverkehrsamt den Zimmernachweis besorgen oder selbst telefonisch vorbestellen. Bei größeren Häusern ist es günstig, wenn man eine Kreditkartennummer angeben kann. Oft bieten die Hotels Sondertarife an, jedoch nur auf Nachfrage! Sie schändet nicht, und man spart oft viel Geld.

Am besten bucht der München-Gast nur mit Frühstück. Mittlerweile hat es sich eingebürgert, dass dieses als Buffet angeboten wird. Mittag- und Abendessen sollte der Gast nutzen, um sich mit der einheimischen Küche vertraut zu machen.

Denn normalerweise ist das Essen im Hotel zwar gut, aber sehr allerweltsmäßig. Mit Ausnahmen: Im Hotel Vier Jahreszeiten steht die traditionelle Küche des Herrn Walterspiel Pate, im Bayerischen Hof isst man auch exzellent, ebenso im Hotel Excelsior und im Königshof, um nur ein paar Beispiele aus der gehobenen Klasse zu nennen. Viele Hotels findet man unter der Internetadresse: *www.deutschland-hotel.de/muc/muenchen.htm*

HOTELS KATEGORIE 1

(für Anspruchsvolle ab 200 Mark pro Doppelzimmer)

Arabella Sheraton Bogenhausen (115/F 6)
Nobles Konferenzhotel, wird demnächst ins gegenüberliegende Sheraton umziehen. 760 Betten. *Arabellastr. 5, Tel. 923 20, Fax 92 32 44 49, U 4 Arabellapark*

Forum (125/E 6)
★ Beliebt bei Geschäftsreisenden. Hier steigen amerikanische Airliner Crews ab. In direkter Nähe zum Gasteig. 1158 Betten. *Hochstr. 3, Tel. 480 30, Fax 448 82 77, S-Bahnhof Rosenheimer Platz*

Holiday Inn (114/B 2)
Hotel mit umfangreichem Serviceangebot im Norden Schwabings. 653 Betten. *Leopoldstr. 194, Tel. 38 17 90, Fax 38 17 98 88, U 3/6 Münchner Freiheit, Bus 43, 85*

Insel-Mühle (O)
★ Auch der Stadtrand hat seine Reize. In Untermenzing, also im extremen Westen, liegt dieses Haus, ein wunderschön renovierter Altbau mit hochmodernem Hotelmarketing. Jede Menge Sonderangebote, zum Beispiel für Fußballfans ein »Kicker-Spezial« mit Übernachtung und Eintrittskarte ab 190 Mark. 76 Betten. *Von-Kahr-Str. 87, Tel. 810 10, Fax 812 05 71, S2 Allach*

Marriott-Hotel (114/C 2)
Der Name hält, was er weltweit verspricht. Haus mit amerikanischem Standard, man wirbt mit Fitnesscenter, Whirlpool und Sauna. Spezielle Wochenendpreise. 348 Betten. *Berliner Str. 93, Tel. 36 00 20, Fax 36 00 22 00, U 6 Nordfriedhof*

Opéra (123/E 3)
★ Intimes und elegantes Haus im Lehel, von der Vorbesitzerin mit unendlich viel Liebe zur vollkommensten Vollkommenheit restauriert. Auch unter neuer Führung eine wunderbare Mischung aus Eleganz und Privatatmosphäre. Das Bayerische Nationalmuseum und der Englische Garten sind nur wenige Gehminuten entfernt. 28 Betten. *St.-Anna-Str. 10, Tel. 22 55 33, Fax 22 55 38, U 4/5 Lehel*

Palace (121/D 3)
★ Mit viel innenarchitektonischer Liebe gestaltetes Nobelhaus. 125 Betten. *Trogerstr. 21, Tel. 41 97 10, Fax 41 97 18 19, U 4/5 Max-Weber-Platz*

Park Hilton (125/F 1)
Wie alle Hilton-Hotels bietet auch dieses Haus jeden Komfort. Nahe am Englischen Garten gelegen. Auch das neuere City Hilton in Haidhausen steht dem älteren Bruder in nichts nach. Jeweils 479 Betten. *Am Tucher-*

park 7, Tel. 38 45 0, Fax 38 45 25 88, U 4/5 Lehel

Preysing **(125/F 5)**
Elegantes Haus in Gasteig-Nähe. 95 Betten. *Preysingstr. 1, Tel. 45 84 50, Fax 45 84 54 44, S-Bahnhof Rosenheimer Platz*

Prinzregent **(121/D 3)**
Luxushaus im alten Bogenhausen. 64 Doppelbetten. *Ismaninger Str. 42–44, Tel. 41 60 50, Fax 41 60 54 66, U 4/5 Max-Weber-Platz*

HOTELS KATEGORIE 2

(für mittlere Ansprüche ab 150 Mark pro Doppelzimmer)

Ambassador Park Hotel **(122/B 1)**
Im Apartmentstil gebaut und in günstiger Nähe zum Tierpark. 80 Betten. *Plinganserstr. 102, Tel. 72 48 90, Fax 72 48 91 00, U 6/S 7/S 27 Harras*

Deutsches Theater **(124/A 4)**
Im Komplex des gleichnamigen Amüsiertempels, also zentral gelegen und besonders Besuchern kultureller Veranstaltungen zu empfehlen. 54 Betten. *Landwehrstr. 18, Tel. 545 85 25, Fax 54 58 52 61, U-S-Bahnhof Stachus*

Großer Rosengarten **(124/A 3)**
★ Modernes Haus, mitten im Zentrum. 85 Betten. *Schützenstr. 7, Tel. 552 52 10, Fax 55 25 15 05, E-Mail reservierung @hotel-rosengarten.de, U-S-Bahnhof Stachus*

Hotel Maria **(118/C 2)**
Ideal während des Oktoberfestes. Frühe Anmeldung dafür empfohlen. 160 Betten. *Schwanthalerstr. 112–114, Tel. 50 30 23, Fax 50 55 20, U 4/5 Theresienwiese*

Leopold **(114/B 3)**
★ Schönes Haus. Ein Tipp: Zimmer zum Innenhof nehmen.

MARCO POLO TIPPS FÜR HOTELS

1. **Palace**
Hier residieren Individualisten mit Geld (Seite 68)
2. **Insel-Mühle**
Stadtrandidylle für Genießer (Seite 68)
3. **Pannonia Hotel Königin Elisabeth**
In Neuhausen, fein (Seite 70)
4. **Königshof**
Zentral und dennoch edel (Seite 70)
5. **Leopold**
Klein, diskret. Nach Innenhoflage fragen (Seite 69)
6. **Opéra**
Klein, fein, edel, zentral, ruhig (Seite 68)
7. **Olympic**
Kolonialstil im Glockenbachviertel (Seite 70)
8. **DJH Burg Schwaneck**
Eine der schönsten Jugendherbergen (Seite 71)
9. **Großer Rosengarten**
Billig, aber gemütlich (Seite 69)
10. **Forum**
Direkt neben dem Gasteig (Seite 68)

Münchner Luxushotels

Bayerischer Hof **(124/B 3)**
In dem hochklassizistischen Haus im Herzen der Stadt steigen Adel und Geldadel ab. Trotzdem Sonderangebote. DZ 564–719 Mark. 760 Betten. *Promenadeplatz 2, Tel. 212 00, Fax 212 09 06, U-S-Bahnhof Stachus*

Kempinski Hotel Vier Jahreszeiten **(125/D 4)**
Das beste Haus der Stadt – so sein Ruf. Doch Direktor von Treskow hat derzeit alle Hände voll zu tun, Restaurant und Service wieder auf Vordermann zu bringen. Allzu lange wurde auf Lorbeeren geruht. Doch Barpianist Simon Schott ist der beste der Welt. DZ 520–3500 Mark. 572 Betten. *Maximilianstr. 17, Tel. 212 50, Fax 21 25 20 00, U-S-Bahnhof Marienplatz*

Hotel Rafael **(125/D 4)**
Neues Haus in altem Prachtgewand. Das ehemalige Antikhaus wurde in ein Prachthotel umgebaut. Für Insider die Nummer eins. Hier steigt ab, wer keine Geldsorgen oder ein generöses Spesenkontingent zur Verfügung hat. Feines Essen im »Mark's«. Fast nur Suiten. DZ 540 Mark. *146 Betten. Tel. 29 09 80, Fax 22 25 39, Neuturmstr. 1, U-S-Bahnhof Marienplatz*

City Hilton **(125/F 6)**
Architektonisch auch nicht schöner als der benachbarte Gasteig, dennoch edle Absteige für Geschäftsreisende. Ab und zu Sonderrabatte. DZ 226–606 Mark, 952 Betten. *Rosenheimer Str. 15, Tel. 480 40, Fax 48 04 48 04, S-Bahnhof Rosenheimer Platz*

★ **Königshof** **(124/A 3)**
Sterngekrönte Küche, Marmorbäder, für Kenner und Genießer die absolute Nummer eins. Familie Geisel betreibt auch Geisels's Vinothek ums Eck. DZ 464 Mark, 170 Betten. *Karlsplatz 25, Tel. 55 13 60, Fax 55 13 61 13, U-S-Bahnhof Stachus*

100 Betten. *Leopoldstr. 119, Tel. 36 70 61, Fax 36 04 31 50, U 3/6 Münchner Freiheit*

Olympic **(124/B 6)**
★ Der Tipp für Freunde angenehmen Wohnens in einer der schönsten Gegenden der Stadt. Die Mischung aus englischer Kolonialzeit und Glockenbachviertel lockt sogar verwöhnte Hamburger Kulturjournalisten dorthin. 54 Betten. *Hans-Sachs-Str. 4, Tel. 23 18 90, Fax 23 18 91 99, U 2/4 Fraunhoferstr.*

Pannonia Hotel Königin Elisabeth **(112/B 5)**
★ Großes Haus, angemessene Preise, im schönen Neuhausen gelegen. 125 Betten. *Leonrodstr. 79 a, Tel. 12 68 60, Fax 12 68 64 59, U 1 Rotkreuzplatz*

Queens Hotel **(115/F 5)**
Bekanntes Tagungshotel in der Nähe des Englischen Gartens. Der Biergarten am Chinesischen Turm ist also schnell erreicht. 301 Betten. *Effnerstr. 99, Tel. 92 79 80, Fax 98 38 13, U 4 Arabellapark*

Torbräu **(119/F 3)**
Dass der Herr an der Rezeption ab und zu etwas muffelig ist liegt vielleicht daran, dass dieses Haus schon seit 1490 existiert. Innen moderner, als es von außen wirkt. Gediegen, verschwiegen. 14 Betten, *Tal 41, Tel. 24 23 40, Fax 24 23 42 35, www.torbraeu.de, S-Bahnhof Isartor*

Wallis **(124/A 4)**
Schweizer Gemütlichkeit, zwischen Hauptbahnhof und Theresienwiese. 104 Betten. *Schwanthalerstr. 8, Tel. 59 16 64, Fax 550 37 52, U-S-Bahnhof Stachus*

HOTELS KATEGORIE 3

(für mittlere und einfache Ansprüche unter 150 Mark pro Doppelzimmer)

Dachs **(124/C 2)**
Familienbetrieb in Schwabing. 90 Betten. *Amalienstr. 12, Tel. 28 20 86, Fax 28 08 29, U 3/6 Universität*

Landsberger Hof **(O)**
Im Sommer wartet ein schöner Biergarten, im Winter ein gemütliches Restaurant mit offenem Kamin. 36 Betten. *Bodenseestr. 32, Tel. 88 18 05, Fax 834 04 26, S-Bahnhof Pasing*

Monachia **(119/D 2)**
Zentral gelegenes Garni-Hotel, in dem es komfortabler zugeht, als die Gegend vermuten lässt. 60 Betten. *Senefelderstr. 3, Tel. 55 52 81, Fax 59 25 98, U-S-Bahnhof Hauptbahnhof*

BED & BREAKFAST

Die aktuellen Angebote gibt es bei der gleichnamigen Agentur, *DZ 78–180 Mark. Tel. 08131/ 35 09 12, Fax 35 09 13*

JUGENDHERBERGEN UND HEIME

Christlicher Verein Junger Menschen **(124/A 4)**
Herzliche Atmosphäre, auch für Erwachsene. 80 Betten. *EZ ab 41, DZ ab 39 Mark. Landwehrstr. 13, Tel. 552 14 10, U-S-Bahnhof Stachus*

DJH Burg Schwaneck **(O)**
★ Im Süden Münchens, mit Sauna, bekannt in aller Welt. 126 Betten in 4-Bett-Zimmern. *Gruppen Vollpension 36,50 Mark. Pullach, Burgweg 4–6, Tel. 74 48 66 72, S 7 Pullach*

DJH Jugendgästehaus **(122/B 4)**
Nähe Tierpark, Jugendherbergsausweis! 352 Betten. *Pro Person 32,50 Mark, Miesingstr. 4, Tel. 723 65 60, U 3 Thalkirchen*

DJH München **(112/A 5)**
In Zentrumsnähe. 510 Betten. *Wendl-Dietrich-Str. 20, 6-Bett-Zi 24 Mark, Schlafsaal 30 Mark, Tel. 13 11 56, U 1 Rotkreuzplatz*

Haus International **(113/E 4)**
Die »beliebteste Jugendbegegnungsstätte Deutschlands« mit Pool und Diskothek. 480 Betten. *DZ 52 Mark, 5-Bett-Zi ab 40 Mark, EZ ab 55 Mark, Elisabethstr. 87, Tel. 12 00 60, U 2 Hohenzollernplatz*

»4 you« **(118/C 2)**
Gleich nördlich des Hauptbahnhofs. 168 Schlafplätze, Fahrradverleih, Vollwertkost und ruhige Lage. *Mehrbettzim. pro Person 29–19 Mark, Hirtenstr. 18, Tel. 552 16 60, U-S-Hauptbahnhof*

München-Kalender

Höhepunkt ist natürlich das Oktoberfest, aber auch im Rest des Jahres wird in der bayerischen Landeshauptstadt kräftig gefeiert

Stark traditionell geprägt ist die Münchner Feier-Jahres-Kurve. Herausragende Ereignisse sind die sogenannte fünfte Jahreszeit, das sind jene Wochen, in denen das extra gebraute Starkbier ausgeschenkt wird, und natürlich das weltberühmte Oktoberfest, das freilich zum größten Teil im September stattfindet. Doch auch in den dazwischen liegenden Monaten wird gefeiert. So haben sich feste Termine im Freizeitleben der Isarmetropole etabliert.

Silvester ist natürlich ein Fixpunkt für die Feierfreunde. Wer ein gesellschaftliches Ereignis liebt, bucht einen Ball, zum Beispiel im Hotel Bayerischer Hof. Die meisten Münchner aber feiern privat. Um Mitternacht trifft man sich dann am Monopteros im Englischen Garten, auf der Ludwigstraße oder am Friedensengel, um mit wildfremden Leuten Champagner aus der Flasche zu trinken.

Der Münchner Fasching ist ein Kapitel für sich. Wer in diesen Tagen aus dem Rheinland anreist, wird bitter enttäuscht sein. Denn nichts widerspricht dem Naturell des Münchners mehr, als auf Kommando lustig sein zu müssen (lustig ist er ja eigentlich nie). So ist der Fasching hierorts Zeitpunkt für diverse private Parties und halboffizielle Kostümfeste; dennoch: Der Ballkalender in den Hochburgen, dem Löwenbräukeller, den großen Hotels, dem Deutschen Theater oder dem Lenbach-Palast, ist dicht gefüllt. Am Faschingssonntag ist in der Fußgängerzone der Bär los und am Dienstag dann Kehraus mit dem Tanz der Marktweiber auf dem Viktualienmarkt. Wer als Skifahrer unterwegs ist, fahre an diesem Tag zum Spitzingsee; der Firstalmfasching dort oben ist berühmt-berüchtigt.

Zwei Wochen hat man Zeit, sich zu erholen, dann beginnt die erste Starkbierzeit, eingeläutet mit dem traditionellen »Prominenten-Derblecken« auf dem Nockherberg (Salvatorkeller, der leider 1999 abbrannte). Vorerst gibt es ein Zelt auf dem Mariahilfplatz als Ersatz. Die Idee

»Ozapft is!« heißt es auf der Wies'n beim Oktoberfest

für die Starkbierzeit stammt von den alten Franziskanermönchen, die herausgefunden haben, dass die Fastenzeit mit nahrungsreichem Bier besser zu überstehen ist. Die zweite Starkbierzeit beginnt dann im Mai (Maibock: süß und schwer!).

Zentrales Ereignis sind die Münchner Opernfestspiele. Obwohl mit wunderschönen Aufführungsorten bestückt (Nationaltheater, Cuvillés-Theater, Prinzregententheater), hat München den Anschluss an Bayreuth und Salzburg längst verloren. Nur das Preisniveau der Karten ist vergleichbar geblieben.

Weltbekannt wurde München durch das Oktoberfest. Die mittlerweile zum »größten Bierfest der Welt« anvancierte »Wies'n« hat ihren historischen Ursprung in einem Volksfest aus dem Jahr 1810, anlässlich der Hochzeit des späteren Königs Ludwig I. mit Prinzessin Therese von Sachsen-Hildburghausen. Damals gab es nur ein Pferderennen zum Gaudium. Heute werden die Verzehrrekorde von Bier, Hendl, Ochsen nur noch in Millionen Liter und Portionen notiert. Es beginnt an einem Samstag Mitte September damit, dass der jeweilige Oberbürgermeister möglichst tropfenfrei den Wechsel in den Hirschen schlägt (ein Fass Bier anzapft) und mit dem Ruf »Ozapft is!« die »Wies'n« eröffnet. Am Sonntag darauf findet dann der traditionelle »Einzug der Wies'n-Wirte« statt – eine prachtvolle Parade bayerischer Trachten und Brauchtümer quer durch die Innenstadt raus zur

MARCO POLO TIPPS FÜR VERANSTALTUNGEN

1. **Fasching**
   Auf Kommando komisch (Seite 75)
2. **Starkbierzeit**
   Zum Start wird die Politprominenz »derbleckt« (Seite 76)
3. **Opernfestspiele**
   Teuer, teuer, teuer, aber Karten kriegt man ohnehin kaum (Seite 76)
4. **Oktoberfest**
   Gefährlich, nicht zuletzt durch den Gerstensaft (Seite 77)
5. **Dokumentarfilmfestival**
   Es gibt noch echte Filmemacher (Seite 75)
6. **Auer Dult**
   Fundgrube für Trödler und Tandliebhaber (Seite 75)
7. **Schäftlarner Konzerte**
   Barockmusik in barockem Ambiente (Seite 77)
8. **Klaviersommer**
   Ein bisschen mehr Kunst und Kommerz (Seite 76)
9. **Tollwood-Festival**
   Internationales Kulturfestival mit Musik, Märkten und Varieté (Seite 77)
10. **Trabrennbahn Daglfing**
   Zum Auffüllen der Urlaubskasse problematisch, aber spannend (Seite 77)

Theresienwiese. Ein Tipp für Besucher: Am ruhigsten ist es am zweiten Wies'n-Montag.

Letzter Gaudi-Termin ist am 11. 11. um 11.11 Uhr, wenn die jeweiligen Faschingsvereine ihre Prinzenpaare küren.

FEIERTAGE

Die glücklichen Münchner haben einige Feiertage mehr als die übrigen Bundesbürger. Dabei mussten die Münchner bereits Einbußen in ihrem Festkalender hinnehmen; Josephi gehört dazu. Am 6. Januar ist Heilig Drei König, ein gesetzlicher Feiertag. Zur Faschingszeit sind manche Geschäfte am »Unsinnigen Donnerstag« geschlossen, alle am Faschingsdienstag. Am 1. November ist Allerheiligen. In Bayern wird am Tag danach den Toten mit einem Friedhofsbesuch Ehre erwiesen. Die Geschäfte sind teilweise an beiden Tagen geschlossen. Der Buß- und Bettag ist der Pflegeversicherung zum Opfer gefallen. Zwischen den Weihnachtsfeiertagen und Neujahr sind viele Betriebe und Geschäfte geschlossen. Auch diverse Lokale nutzen die Zeit für Renovierung oder Betriebsurlaub. Und der geht dann gerne über das Hl. Drei-Königsfest (6. Jan.) hinaus.

FESTE, VERANSTALTUNGEN, MESSEN

Februar/März

★ *Fasching.* Das andere Extrem zum rheinländischen Karneval. Beginnt mit der Prinzenpaar-Inthronisation am 11. 11. um 11.11 Uhr, geht aber erst nach Heilig-Drei-König (6. Januar) richtig los und findet seinen Höhepunkt am Faschingssonntag auf dem Marienplatz. Alle sieben Jahre Schäfflertanz nach einem Pestgelübde aus dem 16. Jh.

Messen (**O**). Endlich ist die Messe München auf das Gelände des Flughafens Riem umgezogen. Die Termine der großen Standardmessen ändern sich nicht. Ispo: Internationale Sportartikelmesse im Februar und September, nur für Fachbesucher. Viele Fachmessen für Bau, Gastronomie und Metallurgie, aber auch mit der berühmten Caravan, Boot und Reisen (CBR) im Februar, wo Anbieter aus allen Bereichen des Tourismus für die schönste Zeit des Jahres locken.

April/Mai

★ *Auer Dult* (**119/F 4–5**). Dreimal im Jahr Münchens größte (und leider professionellste) Trödelshow auf dem Mariahilfplatz, jeweils neun Tage. Bummeln Sie über die Dult, schnuppern Sie die Atmosphäre. Am Samstag vor dem 1. Mai, Samstag nach Jakobi im Juli, 3. Samstag im Oktober. *Bus 52/56 Mariahilfplatz, S 4/5/6 Rosenheimer Platz, Tram 15/25/27*

★ *Dokumentarfilmfestival.* Bundesweit die größte Schau der jüngsten und besten Dokumentarfilme. Ein zehntägiges Treffen im April, das vornehmlich im Filmmuseum am St.-Jakobs-Platz stattfindet *(Infos unter Tel. 381 90 40)* (**119/F 2**), bei dem sich aber auch andere Kinos engagieren, um die für kommerzielle Betreiber wenig lohnende Sparte unters Volk zu bringen.

Frühjahrsbuchwoche. Weder Kosten noch Mühen scheut das Kulturreferat bei der Organisation der Frühjahrsbuchwoche. Unter

Viel Trödel gibt es auf der Auer Dult, auch wenn langsam die Profis die Oberhand gewinnen

einem jährlich wechselnden Motto und aus ebenso wechselnden Ländern werden namhafte Autoren eingeladen, um an diversen literarischen Orten ihre Werke zu präsentieren. Auch wenn manchmal der Vorwurf ertönt, hier sei eher Masse statt Klasse am Werke, so ist dies doch einer der größten Bücherwürmer-Treffs der ganzen Republik.

Frühlingsfest (**O**). Zum Start Ende April gibt's ein Feuerwerk. Zwei Wochen Vorgeschmack auf der Wies'n auf die Wies'n.

★ *Starkbierzeit.* Münchens fünfte Jahreszeit. Dank der Paulaner Mönche, die 1651 beschlossen hatten, dass es sich mit Bier besser fastet, beginnt sie zwei Wochen nach Aschermittwoch und wird, nach kurzer Unterbrechung, mit dem Maibock-Anstich (1. Mai) fortgesetzt. Vorsicht: Das Bier ist süß und tückisch.

Weißer Sonntag. Am Sonntag nach Ostern werden die Drittklässler mit dem Sakrament der Kommunion vertraut gemacht. Prächtiges Fest für die Erwachsenen.

Juni/Juli/August

Auer Dult, s. April/Mai

Internationale Filmwochen. Seit Mitte der Achtzigerjahre haben sich in München im Juni die Internationalen Filmwochen etabliert. Sie haben zwar nie und nimmer die cineastische Bedeutung eines Venedig, Cannes oder Berlin. Doch gibt es »im Abspann« jede Menge bunte Feste, garniert mit Sternchen, Möchtegerne-Cineasten und ab und zu auch einem Star.

★ *Klaviersommer* (**119/E 2**). In der konzertanten Sommersaison hat sich der Klaviersommer einen international anerkannten Platz erobert. Er war über Jahre hin ein Ereignis der großen Jazzwelt. Doch weil die Veranstalter ohne Hirn und Verstand die Budgets überzogen und so auch die Stadt als Sponsor vergraulten, gab es anno 1999 den großen Knatsch. Seither kocht man auf jazzmäßig kleinere Noten und beschränkt sich, zumindest für die nächsten Jahre, auf den Night Club des Bayerischen Hofes und ein eher kammermusikalisches Programm. Meist im Juli.

★ *Opernfestspiele* (**125/D 3**). Im Juni und Juli präsentiert sich München als Opernstadt. Zwar schreiben Kritiker gerne und oft, dieses Fest der schönen Stimmen sei mit einer gewissen Provinzialität behaftet. Dennoch sind nahezu alle Aufführungen ausverkauft, und zwar Monate vorher. Wer außerhalb des S-Bahnnetzes wohnt, also nahezu jeder Tourist, kann vorbestellen bei der *Bayerischen Staatsoper, Tageskasse, Postfach 100148, 80075 München, Fax 089/ 21 85 19 03.* Nach einem Losverfahren wird dann ausgewählt. Kenner der Münchner Opernverhältnisse aber besuchen lieber während der Saison die ins Programm übernommenen Aufführungen. Karten kosten weniger als die Hälfte, die Qualität ist meist genauso gut, der Festspiel-Firlefanz fällt weg.

Pfingsten. Großer Festgottesdienst in der Frauenkirche. Ein Brauch aus dem Umland ist die Kür des »Pfingstochsen«: So nennt man den letzten Spätaufsteher.

★ *Schäftlarner Konzerte* (**O**). Fast drei Jahrzehnte hat das Stammpublikum der feinen Pflege klassischer Musik die Treue gehalten. Wunderbares Ambiente in der barocken Kirche des Benediktinerklosters – bereits 760 gegründet. Acht Konzerte pro Jahr, Beginn meist schon im Mai.

Schleißheimer Schlosskonzerte (**O**). Sommerliche Konzertreihe im Schloss. Hier gibt sich die internationale Gilde der Kammermusik die Ehre. Karten sind an den bekannten Vorverkaufsstellen erhältlich. Wegen Umbau sind die Konzerte noch einige Jahre in umliegende Säle ausgelagert.

★ *Tollwood-Festival* (**112/C 2, 112/B 1**). Einst ökologisch-alternatives Zeltfestival, jetzt internationales Kulturfestival, fast schon zu beliebt (zweimal im Jahr, Juni/Juli auf dem Olympiagelände Süd, im Dezember seit 2000 auf der Theresienwiese). Hier finden sich exotische Installationen, große Rockkonzerte, Gaukler, Oper und Varieté aus aller Welt zum großen Multikulti-Cocktail.

September/Oktober

Auer Dult, s. April/Mai

Messen, s. Februar/März

★ *Oktoberfest* (**118/B–C 3–4**). Der Welt größtes Bier- und Schaustellerfest mit Besuchern aus aller Welt. Es findet so statt, dass das letzte Wochenende des 16-tägigen Spektakels auf der Theresienwiese das erste des Oktobers ist. Ausführliche Widmung in der Kapiteleinleitung.

Dezember

Adventssingen. Gemäß einem alten alpenländischen Brauch hat sich das Adventssingen auch in München gegen alle Zeitgeisterscheinungen gehalten. In den katholischen Kirchen finden die Volksmusikanten ein andächtiges Publikum für die zarten, gar nicht so kitschigen alten Weisen.

Tollwood, s. Juni/Juli/August

Ganzjährig

Blutenburger Konzerte (**O**). In unregelmäßigen Abständen konzertieren in dem Wasserschlösschen, dessen Geschichte bis ins 12. Jh. zurückreicht, überregional bekannte Künstler der klassischen Musik. Hübsches Ambiente, angenehme Atmosphäre. *Pippinger Str., Bus 73 und 76*

★ *Daglfing, Trabrennbahn* (**O**). Hier treffen sich die Sulky-Fans und Wettprofis. Der Münchner Trab- und Zuchtverein hat Tradition, und die Daglfinger Rennen haben bundesweit einen guten Ruf. *Rennbahnstr. 35, Tel. 930 00 10, S 6 Riem*

Galopprennbahn Riem (**O**). Im Riemer Reitstadion des Münchner Rennvereins geht es ganzjährig rund – auch ums Geld. *Graf-Lehndorff-Str. 36, Tel. 945 52 30, S 6 Riem*

VSISQVE REDDITVM

Am Abend gehen wir aus

In München gibt es Kultur von den Opernfestspielen bis zur Kleinkunstbühne und Nachtleben in allen Schattierungen

Millionendorf oder Weltstadt? Leicht ist die Frage nicht zu beantworten. Zwar bietet München eine verwirrende, bunte Palette an Bars, Kneipen, Musikschuppen, Diskos, Kinos, Nachtcafés. Und doch jammern die Einheimischen immer wieder (mit neidvollem Blick auf Berlin oder Hamburg), dass kurz nach Mitternacht die Bürgersteige hochgeklappt würden. Nun, ganz so schlimm ist die Lage nicht. Und wer sich informiert und dazu Standvermögen (bei den Türstehern), Entdeckungslust (man weiß nie genau, was warum wann »in« ist) und viel Kleingeld mitbringt, wird keine Schwierigkeiten haben, sich bis in die Morgenstunden zu amüsieren. Die beliebtesten Ausgehviertel: Schwabing (da gehen alle über 25 hin), Haidhausen (hat sich vom Studentenviertel zu einer Yuppie-Dependance gemausert), Neuhausen (intakte Welt mit kleinen Überraschungen), Schlachthofviertel (noch nicht saniert) und der »Kunstpark Ost« (da rennen alle unter 25 hin). Doch Achtung: Alle Tipps könnten von einem auf den anderen Tag total »out« sein!

Münchens erste Kulturadresse: das Nationaltheater am Max-Joseph-Platz

BARS UND KNEIPEN

Atzinger **(125/D 1)**
Ist und bleibt die Studentenkneipe schlechthin. Die Uni-Nähe bedingt schon vormittags Frühschöppner mit hohem IQ. Unendlich leger. *Tgl. 10–1 Uhr, Schellingstr. 9, U 3/6 Universität*

Frundsberg **(112/B 5)**
Neuhauser Top-Treff. Geheimtipp: das neue Hopf-Weizen-Ale, eine britisch-bayerische Bierschöpfung. *Tgl. 18–1 Uhr, Frundsbergstr. 46, U 1 Rotkreuzplatz*

Café Glockenspiel **(124/C 4)**
Nicht nur Café, sondern Bar und Restaurant mit Wodka sauer und brauchbarer Speisung. Der Dachgarten mit elektrischem Faltdach ist Idylle pur. Viele Stewardessen und Hosenträger-Träger. *Tgl. 10–1 Uhr, Marienplatz 28, U-Bahn Marienplatz*

Grünes Eck **(121/D 5)**
Liegt mitten in Giesing, lebt von Giesingern, ist billig und gut; Am Wochenende Blues vom Feinsten. *Tgl. 18–1 Uhr, St. Martinstr. 7, U 1/2 Karl-Preis-Platz*

Heppel & Ettlich **(114/A 4)**
Treffpunkt der Alt-68er. Zahnärzte, Rechtsanwälte, Journalisten mit Jeans verkleidet. Im Nebenraum gibt es Kleinkunst und sonntags Kinderkino. *Tgl. 19 bis 1 Uhr, Kaiserstr. 67, U 2 Hohenzollernplatz*

Hong Kong Bar **(119/D 5)**
Gelassenes Ambiente, wunderbare Mai-Tais, eine bemerkenswert aufmerksame Bedienung und exquisite Fernost-Küche zeichnen diese Bar aus. *Tgl. 18 bis 1 Uhr, Fr und Sa 18–3 Uhr, Kapuzinerstr. 39, U 3/6 Goetheplatz, Bus 31 Kapuzinerstraße*

Islay **(120/B 3)**
Ein Muss für Liebhaber feinsten Whiskeys. Hier gibt es mehr als 150 Sorten dieses köstlichen Getränks, und man wird dazu auch noch fachkundig beraten. Unser Tipp: lieber zwei kleine verschiedene als ein doppelter. Wer es wissen möchte, kann auch einen 73er Longrow für 38 Mark pro Stamperl testen. *Tgl. 17 bis 1 Uhr, Thierschstr. 14, S-Bahnhof Isartor*

Iwan **(124/B 4)**
Um die Türsteherin (abends) gnädig zu stimmen, sind schwarze Klamotten angebracht. Angenehme Musik, bei der man plaudern kann. Essen wird bis 3 Uhr morgens serviert. *Tgl. 11 bis 3 Uhr, Josephspitalstr. 18, U-Bahnhöfe Stachus oder Sendlinger Tor*

Ksar **(124/B 6)**
★ Neu, munter und dennoch erstaunlich normal. Hier sucht Mann Frau und Mann Mann und umgekehrt. Der »Whisky Sour« gilt als bester der Stadt. Die Musik tendiert eher in die Zukunft. *Tgl. 20–3 Uhr, Müllerstr. 31, U 1/2/3/6 Sendlinger Tor*

Lamm's Heuriger **(124/B 5)**
Hier lebt die fast vergessene Kultur des 24-Stunden-Trinkens. Ort für einsame Herzen, schrägbayerische Musikkultur und menschliche Verfallstudien. *Immer offen, Sendlinger Tor Platz 11. U-Bahn Sendlinger Tor*

Literaturhaus **(124/C 3)**
Noch verspricht der Name mehr als geboten wird. Doch immerhin kann man im Café Dukatz über das Preis-Leistungsverhältnis in der Gastronomie nachdenken und Jung-Banker beim Schnellverzehr beobachten. *Tgl. 10–20 Uhr, Café bis 1 Uhr, Salvatorplatz 1, Tel. 291 94 30, U-Bahnhof Odeonsplatz*

Nachtcafé **(124/B 3)**
★ Leider ist zu vielen bekannt, dass dies das Beste ist, was München nach 1 Uhr zu bieten hat. Nachtschwärmer-Atmosphäre mit manchmal legendär gutem Jazz. Schließung droht. *Tgl. 21–6 Uhr, Maximiliansplatz 5, U-S-Bahnhof Stachus*

Nachtkantine **(121/E 5)**
Münchens schrägste Theke im Kunstpark Ost. Treff der Nimmermüden und Immerhungrigen – wunderbar, wenn man nicht schlafen kann. *So–Do 10 bis 14 Uhr, Fr 10–7 Uhr, Sa 14–7 Uhr, Grafinger Str. 6, S-Bahn Ostbahnhof*

MARCO POLO TIPPS FÜR DEN ABEND

1 **P1**
Disco Nummer eins, wer reinkommt, glaubt, »in« zu sein (Seite 81)

2 **Stadtcafé**
Treff der Edelpunks, Yuppies, Journalisten und Zeitgeistler (Seite 82)

3 **Muffathalle**
Bestes Kulturprogramm und feiner Absturzladen (Seite 87)

4 **Café Zweistein**
Kneipenidyll in idyllischer Lage (Seite 82)

5 **Nachtcafé**
Knackevoll von Insidern, beste Musik bis 5 Uhr morgens (Seite 80)

6 **Bongo Bar**
Für richtige Erwachsene (Seite 86)

7 **Wirtshaus im Schlachthof**
Heiße Küche der Rockmusik (Seite 86)

8 **Einstein**
Der Kulturtreff! 2000 Quadratmeter für Jazz, Kino, Theater und Kunst (Seite 84)

9 **Schumann's**
Wer beim Anblick von Boris auch nur eine Miene verzieht, ist hier falsch (Seite 82)

10 **Ksar**
Klein, gut, tolerant in Beziehungsfragen (Seite 80)

Nage & Sauge **(125/E 4)**
Nagen kann man kaum, weil es so eng ist (und wenn, dann eher Italienisches), saugen kann man prächtig, vor allem jungen, leichten Wein vom Fass. Inkneipe mit Szenetouch, ehemaliges Wohnzimmer, dementsprechend ist auch die Luft nach 22 Uhr. *Di–So 17–1 Uhr, Mariannenstr. 2, U4/5 Lehel*

P 1 **(125/E 3)**
★ Münchens traditionsreichster Edelschuppen für Menschen, die schön genug sind, um den Tür-Zerberus von ihrer Wichtigkeit zu überzeugen. Hier suchten Fürstin Gloria und Ehemann Johannes von Thurn und Taxis standesgemäße Gesellschaft, hier ist ab Mitternacht der Gral der »beautiful people«. *Tgl. 23–4 Uhr, Tel. 29 42 52, Prinzregentenstr. 1, U 3/6 Odeonsplatz*

Café Puck **(124/C 1)**
Der Zug der Lemminge führt dorthin, weil's im Roxy wirklich nicht mehr auszuhalten ist. In-Treff rund um die Türkenstraße. Frühstück bis um 18 Uhr, danach Absturzgefahr. *Tgl. 9–1 Uhr, Türkenstr. 33, U 3/6 Universität*

Café Schädel **(125/F 5)**
Heute noch eine letzte Bastion der Linken, auch wenn sie inzwischen das Handy mitnehmen. Wird in diesem Sinne von einem Kollektiv geführt, biologically correct. *Tgl. 10–21, So 9 bis 21 Uhr, Preysingstr. 18, S Bahnhof Rosenheimer Platz*

Schmalznudel **(124/C 4)**
Besonders während der Faschingszeit der Geheimtipp für Frühstück vor dem Schlafengehen. Aber auch das Jahr über ein Münchner Original am Viktualienmarkt. *Tgl. außer So und Mo 5–14 Uhr, Prälat-Zistl-Str. 8, U-S-Bahnhof Marienplatz*

Schumann's **(125/D 4)**
★ Münchens Aushängeschild in Sachen »American bar«. Hier ist fehl am Platze, wer vor Begeisterung zu zwinkern anfängt, wenn er Boris Becker oder Klaus Maria Brandauer entdeckt. Man trinkt hier die beste Bloody Mary zwischen Moskau und Paris, und kein Journalist verkneift sich in einer Geschichte über das Schumann's den Gag: Lieber ein guter Gimlet als ein schlechter Hamlet. *Mo–Fr 17–3 Uhr, So 18–3 Uhr, Sa geschl., Maximilianstr. 36, S-Bahnhof Isartor*

Stadtcafé **(124/C 5)**
★ Sieht aus wie ein Wartesaal, wird immer teurer, ist dem Stadtmuseum angegliedert und hat als Nachbarn Münchens zwei beste Zeitungen, die SZ und die AZ. Dementsprechendes Publikum. Seit Jahren rätseln die Gäste, warum dieser Laden immer voll ist (siehe Essen & Trinken, Cafés). *Tgl. 11–1 Uhr, Mo ab 17 Uhr, St.-Jakobs-Platz 2, U 1/2/3/6 Sendlinger Tor*

Weintrödler **(124/B 2)**
Allgemeiner Sammelpunkt des bunten Nachtgeschwaders. Vom Zuhälter bis zum Filmstar wird im Weintrödler alles geboten. Positiv: Kein Nepp, brauchbare Küche. *Tgl. 17–6 Uhr, Briennerstr. 10, U 3/6 Odeonsplatz*

Café Zweistein **(124/B 6)**
★ Kleine, feine Theaterbuffet-Kneipe mit köstlichem Essen und angenehmem Publikum in der nettesten Straße Münchens. *Tgl. 7–1 Uhr, Hans-Sachs-Str. 12, U 1/2/3/6 Sendlinger Tor*

KABARETTS UND KLEINKUNST

Theater im Fraunhofer **(124/C 6)**
Hinterhofkabarett mit erlesenem Programm. Premierenort der Kleinkunstelite, aber es ist schwer, Karten zu bekommen. *Fraunhoferstr. 9, Tel. 26 78 50, U 1/2 Fraunhoferstraße*

Hinterhoftheater **(O)**
Im Arbeiterviertel Hart gelegen, Spitzenprogramm aus dem deutschsprachigen Raum, hinterher kann man ideal im Wirtshaus am Hart noch ein Bier trinken. *Sudetendeutsche Str. 40, Tel. 311 60 39, Tram 12/13*

Lach & Schießgesellschaft **(114/C 4)**
Münchens renommiertestes Kabarett, dessen eigenes Ensemble sich immer wieder doch nicht auflöst. Also Qualität garantiert! Man sitzt wie in einer Ölsardinenbüchse. *Haimhauser/Ursulastr., Tel. 39 19 97, U 3/6 Münchner Freiheit*

Jörg Maurers Unterton **(113/F 5)**
Der Kabarettist Maurer ist sein eigener Herr. Fundgrube für kleinkünstlerisches Edelmetall. *Kurfürstenstr. 8, Tel. 33 39 33, Tram 27, U 3/6 Universität*

Spectaculum Mundi **(O)**
Spannendes Programm von Kabarett bis modern dance in kulturuntypischer Gegend. *Grau-*

bündener Str. 100, Tel. 74 57 82, U 3 Fürstenried West

KINOS UND VIDEOTHEK

Die Kinos Theatiner Film *(Tel. 23 31 83)*, Tivoli *(Tel. 26 43 26)*, Museumslichtspiele, Filmtheater Sendlinger Tor *(Tel. 55 46 36)* und Film-Casino *(Tel. 22 08 18)* bringen sonntags Matineen, meist mit klassischen Theater- oder Opernfilmen.

Cinema **(113/D 6)**
Bestes Programmkino mit bestem Sound, berühmt für seine Double-Features. *Nymphenburger Str. 31, Tel. 55 52 55, U 1 Stiglmaierplatz*

Filmmuseum **(124/C 4)**
Filmfachleute haben hier ein weltweit beachtetes Archiv zusammengestellt. Für Vielbesucher lohnt sich ein Jahresausweis. Auch sonst billig. *St.-Jakobs-Platz 1, Tel. 23 32 41 50, U-S-Bahnhof Marienplatz*

Forum der Technik **(125/D 6)**
Gehört zum Deutschen Museum. Das erste Imax-Theater Deutschlands. Einzigartiges Sachfilmzentrum mit den berühmtesten Naturfilmen im Spezialsound. Ein beeindruckendes Kinoerlebnis für Kinder und Erwachsene. *Museumsinsel 1, Tel. 21 12 51 80, S-Bahnhof Isartor*

Studio Isabella **(113/F 5)**
Wiederholt immer wieder »Die Kinder des Olymp« in der Langfassung. Ein angenehmes Programmkino mit gehobenem Anspruch, gehört zum »Türkendolch«. *Isabella-/Neureutherstraße, Tel. 271 88 44, U 2 Josephsplatz*

Maxx **(125/D 5)**
Modernstes Kino im hässlichen Riegerblock mit feinstem Sitzkomfort, Spitzentechnik und eigenem Diner. Hier laufen meist nur Verkaufshits. *Isartorplatz 9, Tel. 21 23 80 80, S-Bahnhof Isartor*

Münchner Filmpassage **(125/D 5)**
Beste Videothek der Stadt, fast alle Filme auch in Originalsprache, eine Fundgrube für Cineasten, sehr fürsorgliche Beratung. *Tgl. außer So und Fr (die werden auch nicht berechnet), Tel. 29 62 17, Zweibrückenstr. 8, S-Bahn Isartor*

Museumslichtspiele **(125/E 6)**
Kinokunst am Deutschen Museum, seit ungefähr tausend Jahren wird die »Rocky Horror Picture Show« zelebriert, gehobenes Programmkino, drei Säle. *Lilienstr. 2/Ludwigsbrücke, Tel. 48 24 03, S-Bahnhof Isartor oder Rosenheimer Platz, Tram 18*

Neues Rottmanns **(124/A 1)**
Filmkunstkino mit anspruchsvollem Programm. Kämpft einsam und bislang erfolgreich gegen die Verleihermafia und Großkinobesitzer. Von Cineasten geschätzt. *Rottmanstr. 15, Tel. 52 16 83, U 1 Stiglmaierplatz*

Filmtheater Sendlinger Tor **(124/B 5)**
Münchens ältestes Kino besticht durch seinen Oma-Charme. Großes Haus mit großer Leinwand, im Angebot Durchschnittsrenner. Logenplätze! *Sendlinger-Tor-Platz, Tel. 55 46 36, U 1/2/3/6 Sendlinger Tor*

Türkendolch **(124/C 1)**
Liebenswertes Studentenkino, langer Schlauch, kleine Lein-

wand, aber gutes Filmkunstprogramm. *Türkenstr. 74, Tel. 271 88 44, U 3/6 Odeonsplatz oder Universität*

Werkstattkino **(124/C 6)**
Hard & Heavy, Undergroundkino mit umstrittenem, viel diskutiertem Programmangebot, Tempel der B-Movies und zu Kultstreifen hochstilisierten Sexfilmen. *Fraunhoferstr. 9, Tel. 260 72 50, U 1/2 Fraunhoferstraße*

KONZERTE

Gasteig **(125/E–F 5–6)**
München hat drei so genannte »A«-Orchester, also Klangkörper erster Klasse. Dazu gehören die Münchner Philharmoniker, das Bayerische Staatsorchester (Oper) und das Symphonieorchester des Bayerischen Rundfunks. Die Philharmoniker sind in der Philharmonie im Gasteig zu Hause, jenem als Kulturbunker beschimpften Koloss oberhalb der Isar. Der große Saal ist zwar hübsch anzuschauen, er bietet aber leider akustische Probleme: Auf manchen Plätzen hört man nur die Blechbläser, und spielt ein Pianist alleine, so kriegt er, ob der schlechten Akustik, schon mal einen Tobsuchtsanfall wie weiland Friedrich Gulda. Mit mäßigem Erfolg hat man versucht, durch riesige Plastiksegel den umherirrenden Klangwellen die richtige Richtung zu geben. *Kartenvorverkauf Tel. 48 09 86 14, Rosenheimer Str. 5, S-Bahnhof Rosenheimer Platz*

Herkulessaal **(124/C 3)**
Klassisches in klassizistischer Umgebung: Der Herkulessaal der Residenz ist der Wallfahrtsort des Münchner Konzertpublikums. *Residenzstr. 1 (Eingang Hofgartenstr.), Tel. 29 06 72 63, U 3/4/5/6 Odeonsplatz*

Musikhochschule **(124/B 2)**
Ein Tipp für Liebhaber so genannter E-Musik. Im großen Saal gastieren oft junge Künstler aus den Meisterklassen der europäischen Musikhochschulen. *Arcisstr. 1, Tel. 559 15 75, U 2 Königsplatz*

KULTURZENTRUM

Einstein **(121/D3)**
★ Es war wie immer in München: Da wird jahrelang debat-

Im Kulturbunker Gasteig ist schon mancher Pianist verzweifelt

tiert, gejammert, geschimpft und geklagt. Dann geschieht plötzlich ein kleines Wunder. Und es entsteht aus dem Nichts ein kulturelles Kleinod, um das die Konzert-, Film- und Theaterfreaks in Frankfurt, Hamburg und Berlin den Münchner nun heftig beneiden. So war es auch mit dem Einstein, das zwar so heißt, weil es in der gleichnamigen Straße liegt, dessen Name aber auch etwas von der Liebe des großen Mathematikers zu Kunst und Musik widerspiegelt. Hier in der Einsteinstraße 42 entstand nach zehn Jahren Kampf gegen die Bürokratie im Sommer 1998 ein vielgestaltiges – im besten Sinne des Wortes – multikulturelles Zentrum, das kein München-Besucher auslassen sollte. Auf 2000 Quadratmetern kann der Besucher hier zwischen Jazz und Kino, Theater und Ausstellung wählen, ohne vorher das ausführliche Programm studiert zu haben, denn irgendetwas ist immer los im Einstein. Vor allem am Abend. Da wären die beiden Bühnen »Isar Zwei« – zuständig für Kabarettistisches – und das »Theater rechts der Isar«, ein privates Haus mit reicher Theatertradition. Es ist hierher umgezogen, als die Kellerräume des alten Unionsbräu für die Kultur urbar gemacht wurden, und spielt vor allem Stücke moderner Autoren aus aller Welt *(Programm und Vorverkauf für beide Theater unter Tel. 48 99 89 90, Abendkasse ab 18 Uhr, Tel. 47 08 42 42)*. In der »Echtzeithalle« daneben werden grenzübergreifende Installationen aufgebaut, zeigen Münchner Avantgarde-Künstler, wie sie Kunst verstehen, und wird Theater der progressiven Art gespielt *(Informationen und Kartenvorbestellung unter Tel. 41 92 99 51)*. Das »Kino im Museum« (KIM) bietet ein ambitioniertes Programm, nachmittags speziell für Kinder, abends oft programmatisch nach bestimmten Themengebieten oder Sujets geordnet *(Informationen und Kartenvorbestellung unter Tel. 47 07 77 66)*.

Das Herz des Einstein aber ist der Jazzclub Unterfahrt, der letzte Hort für aktuelle Trends jener Musik, für die München in den Sechzigerjahren europaweit berühmt war. Heute konzentriert sich die Crème der Jazzer auf diesen kleinen Club, weil fast alle anderen Live-Läden mit modernerem Programm die in München üblichen exorbitanten Mieten nicht mehr aufbringen konnten und sukzessive verschwanden. Zu fairen Eintrittspreisen kann der Jazzfreund hier in der Unterfahrt die immer noch hochkarätige Münchner Szene meist zusammen mit den Stars aus dem internationalen Big Business des Jazz erleben. Spannend ist vor allem der Sonntagabend, wenn man sich zur Session trifft. Dann entscheidet der Zufall über die Zusammensetzung der Musiker und damit über die Qualität des Dargebotenen *(Sonntag bis Donnerstag 18 bis 1 Uhr, freitags und samstags bis 3 Uhr, Reservierungen und Programm unter Tel. 448 27 94). Einsteinstraße 42, U 4/5 Max-Weber-Platz*

MUSIKHALLEN

Feierwerk **(117/F 4)**
Kommunal gefördertes Rock-Nachwuchs-Dauerfestival, sehr preisgünstig und immer wieder

mit interessanten Musikschmankerln. *Tgl. Programm 21–1 Uhr, Hansastr. 39, Tel. 769 36 00, U-S-Bahn Heimeranplatz*

Nachtwerk **(117/E 2)**
Jüngstes Szenekind der Hallenkultur (in alter Industriehalle). Guter Service, gutes Programm und ganz offensichtlich erfolgreiches Konzept, da immer proppenvoll. *Tgl. Programm 21–1 Uhr, Landsberger Str. 185, Tel. 570 43 44, S-Bahnhof Donnersbergerbrücke, Tram 19*

Wirtshaus im Schlachthof **(118/C 5)**
★ Das Viehhändlerwirtshaus wird jede Nacht zum Treff der Freunde bester Rockmusik. *Tgl. 19–1 Uhr, Zenettistr. 9, Tel. 76 54 48, U 3/6 Goetheplatz*

MUSIKKNEIPEN

Backstage **(118/A 1)**
Hart und heavy. Die Crossover-Kneipe der Stadt. Independent-Musik, laut, jung, schräg. Hier können Eltern ihre Teenies abstellen, wenn sie in die Oper gehen. *Tgl. 19–1 Uhr, Helmholtzstr. 18, Tel. 126 61 00, S-Bahn Donnersbergerbrücke*

Club 2 **(121/E 3)**
Typisch München: Kaum zieht der Jazzclub Unterfahrt in neue Räume (siehe Einstein), entsteht im leer gewordenen Raum auch schon etwas Neues. Der Club 2 bietet teils hochkarätigen Livejazz modernerer Prägung, aber immer zumindest angenehmes Clubbing. *Tgl. 19–1 Uhr, Kirchen-*

Kunstpark Ost (121/E 5)

Die Gnadenfrist für Europas größtes Kultur- und Spaßgelände läuft mindestens noch bis zum Jahr 2002. Zwar ist der so genannte Kunstpark Ost direkt östlich des Ostbahnhofes nur als Zwischennutzung genehmigt. Aber seit der Eröffnung 1996 wurde diese wilde Ansammlung von Clubs, Kneipen, Bars und Eventplätzen ein so gigantischer Erfolg, dass sich Münchens Politiker schwer tun, die Jugend dort von heute auf morgen auszusperren, nur um irgendwelche Bürohäuser zu genehmigen. Derzeit sind auf dem Gelände, wo früher die Firma Pfanni ihre Knödel rollte, 35 Lokale verzeichnet, was sich aber jederzeit wieder ändern kann. Es gibt Table Dance und Horrordrinks im *Shockers*, es gibt die höchste Kletterwand Europas, es gibt schummrige Dance-Hall-Bars, ein Daueroktoberfest im *Wiesnworld* und den renommierten Techno-Club *Ultraschall*. Es gibt Riesenkonzerte im *Colosseum*, Spezialistenmusik im *Metropolis* und schräge Shows in der ★ *Bongo Bar*. (Der Autor trinkt am liebsten in der *Werkbar* zum Chillout.) Betreiber des Ganzen ist ein wilder älterer Mann namens Wolfgang Nöth, den Münchens Politiker fürchten ob seines Jähzorns und seiner Macht. Ihm wird es sicher gelingen, einen neuen Kunstpark zu schaffen, wenn der im Osten irgendwann schließen muss. Infos über die einzelnen Acts und Veranstaltungen auch unter www.kunstpark.de. *Grafinger Str. 6, S-Bahnhof Ostbahnhof*

str. 96, Tel. 126 61 00, U-S-Bahnhof Ostbahnhof

Der Jazzladen im Hofbräukeller **(120/C 3)**
Lange Zeit hatte der traditionelle Jazz in München keine feste Heimstatt. Das soll nun anders werden. In 24 Meter Tiefe unter dem Hofbräukeller gibt es jetzt den Jazzladen mit Dixie, Swing und Ausflügen in die Fünfzigerjahre. Günstiger Eintritt, manchmal überbordende Stimmung. *Di–Sa 10–1 Uhr, Tel. 45 99 25 24, U4/5 Max-Weber-Platz*

Muffathalle **(120/B 3)**
★ Zwei grüne Politiker haben hier ein Schnäppchen gemacht. Subventionierte Subkultur, ein prima Café und im Sommer ein romantischer Biergarten – da lässt sich Geld zählen. Ein Schmuckstück für die Stadt. *Tgl. 18–4 Uhr, Zellstr. 4, Tel. 45 87 50 00, S-Bahnhof Rosenheimer Platz oder Isartor*

Münchner Lustspielhaus **(114/C 4)**
Mal Liedermacherei, mal Kabarett, mal Konzertantes. Nach harten Schallschutzkriegen neu eröffnet. *Tgl. 18–1 Uhr, Occamstr. 8, Tel. 34 49 74, U 3/6 Münchner Freiheit*

Night Club im Bayerischen Hof **(124/C 3)**
Ein Wunder: Feinster internationaler Jazz hat sich hier dank des Hotelengagements etabliert. Teuer, aber prima. *Promenadeplatz 2–6, Tel. 212 09 94, U-S-Bahnhof Stachus*

Podium **(114/B 4)**
Letzte echte Schwabinger Dixiekneipe, ab und zu von Rock 'n' Roll infiziert. *Tgl. 19–1 Uhr, Wagnerstr. 1, Tel. 39 94 82, U 3/6 Münchner Freiheit*

OPER UND THEATER

Altes Residenztheater (Cuvilliés-Theater) **(125/D 3)**
Architektonisches Kleinod und Bühne für etabliertes Erfolgstheater. Ab und zu Kammermusik. *Max-Joseph-Platz 1, Tel. 21 85 19 20, U 3/6 Odeonsplatz*

Blutenburg-Theater **(112/C 6)**
Hier wird gestorben. Münchens Krimibühne, aber nicht nur zum Fürchten. *Blutenburgstr. 35, Tel. 123 43 00, U 1 Maillingerstraße*

Deutsches Theater **(124/A 4)**
Absolut hässlichstes Theater der Stadt, aber das einzige in der ganzen Schwanthalerstraße. Alles vom Faschingsball über Operetten bis zum Liedermacherkonzert. *Schwanthalerstr. 13, Tel. 55 23 44 44, U-S-Bahnhof Stachus*

Kleine Komödie am Max II **(125/E 4)**
Hier wird Seichtes professionell dargeboten. *Maximilianstr. 47, Tel. 22 18 59, U 4/5 Lehel*

Komödie im Bayerischen Hof **(124/B 3)**
Boulevardtheater für Leute, die gerne ihre Garderobe zeigen. *Promenadeplatz/Prannerstraße, Tel. 29 28 10, U-S-Bahnhöfe Stachus, Marienplatz*

Ludwig Thoma Theater **(124/A 3)**
Der Name ist nur bedingt Programm. Mehr Spaß als Tiefgang. Jetzt präsentiert es sich im Karlshof. *Karlstr. 32, Tel. 59 66 11, U S Bahnhof Stachus*

Marionettentheater **(124/B 5)**
Traditionelles Haus. Für Kinder mit Sinn für Musik gibt es eine wunderbare Inszenierung der »Zauberflöte«. *Blumenstr. 29 a, Tel. 26 57 12, U 1/2/3/6 Sendlinger Tor*

Metropol **(O)**
Neues Haus, viel Elan und Mut, man spielte gar »Black Rider« von Wilson. Oder die Bibel – in zwei Stunden. Kann man empfehlen. *Floriansmühlstr. 5, Tel. 32 42 55 66, U6 Freimann*

Münchner Kammerspiele (Schauspielhaus) **(125/D 4)**
Traditionell bestes Theater der Stadt, bekannt für großes Sprechtheater mit einer Spannweite von den alten Griechen bis zur Uraufführung. Nach heftigem Knatsch muss Intendant Dieter Dorn bis Sommer 2001 gehen. Mal sehen, was der neue Intendant Frank Baumbauer aus den Kammerspielen und den dazugehörenden Bühnen Werkraum und Schreinerwerkstatt macht. Der Umbau soll bis 2003 abgeschlossen sein. Bis dahin wird auf die Probebühne (Eingang Falckenbergstraße) ausgewichen. *Maximilianstr. 26, Tel. 23 72 13 28, U 3/6 Odeonsplatz oder Marienplatz*

Nationaltheater **(125/D 3)**
Münchens Oper, das Haus Nummer eins, sowohl künstlerisch als auch, was die Höhe der Subventionen betrifft. *Max-Joseph-Platz, Tel. 21 85 19 20, U 3/4/5/6 Odeonsplatz, Tram 19*

Pasinger Fabrik **(O)**
Kulturzentrum draußen im Westen (Pasing ist fast eine eigene kleine Stadt) mit Multifunktion, Theateraufführungen von überraschend guter Qualität. *August-Exter-Str. 1, Tel. 834 18 41, S-Bahnhof Pasing*

Pathos Transport **(112/C 4)**
Werkstatt für neue deutsche Werke, hat einen ausgezeichneten Ruf. *Dachauer Str. 110, Tel. 12 39 20 34, Bus 33*

Prinzregententheater **(121/D 2)**
Grandioser Wiederaufbau des einstigen Opernhauses. Heute wird das Prinzregententheater vornehmlich als Konzertsaal genutzt und rühmt sich, die beste Akustik der Stadt zu haben – und ein wunderschönes Café. *Prinzregentenplatz 12, Tel. 29 16 14 14, U 4 Prinzregentenplatz*

Residenztheater **(125/D 3)**
Bayerisches Staatsschauspiel, hochsubventioniert und trotzdem beliebter Schleifstein der Kritikermesser. Hier regiert jetzt Dieter Dorn. Die Kulturwelt ist gespannt, ob er dem Haus den Ruf nehmen kann, zwischen Konzeptionslosigkeit und Mittelmaß nur ab und zu echte Perlen zu streuen. *Max-Joseph-Platz 1, Tel. 21 85 19 40, U 3/4/5/6 Odeonsplatz, Tram 19*

Neues Theater **(120/A 5)**
Anspruchsvolle Bühne, ein Theaterlabor, in dem sich die verschiedenen Genres treffen. *Entenbachstr. 37, Tel. 65 00 00, U 1/2 Kolumbusplatz*

Schauburg **(114/A 4)**
Städtisches Haus für junge Leute. Unter kundiger Intendanz eine viel versprechende Bühne. *Franz-Joseph-Str. 47, Tel. 23 72 13 65, U 2 Hohenzollernplatz, Tram 18*

Das Schloss **(113/E 3)**
Einmalig: Mal gibt's Shakespeare, dann wieder wilde Neuinszenierungen. *Ackermannstr. 77, Tel. 300 30 13, Tram 27*

Schreinerwerkstatt **(125/D 4)**
Jüngstes und wildestes Kind von Mutter Kammerspiele. *Maximilianstr. 26, Tel. 23 72 13 28, U 3/6 Odeons- oder Marienplatz*

Staatstheater am Gärtnerplatz **(124/C 5)**
Repräsentatives Haus, zu Unrecht als Ableger der Oper diffamiert. *Gärtnerplatz 3, Tel. 201 67 67, U 1/2 Fraunhoferstraße*

TamS – Theater am Sozialamt **(114/B 4)**
Anerkannt avantgardistische und moderne Bühne mit Geschichte. Beste Schwabinger Tradition. *Haimhauserstr. 13 a, Tel. 34 58 90, U 3/6 Münchner Freiheit*

Theater Blaue Maus **(112/C 6)**
Man wagt sich auch an Brecht, aber nicht immer mit Erfolg. *Elvirastr. 17a, Tel. 18 26 94, U 1 Maillingerstraße*

Das Staatstheater am Gärtnerplatz steht sehr zu Unrecht im Schatten der Münchner Oper

Theater für Kinder **(113/D 6)**
Hier toben der kleine Muck und Pippi Langstrumpf um die Wette. *Dachauer Str. 46, Tel. 59 54 54, U 1 Stiglmaierplatz*

Theater links der Isar **(119/E 4)**
Modernes Kleintheater mit Anspruch. *Auenstr. 19, Tel. 642 25 40, U 1/2 Fraunhoferstraße, Bus 58*

Theater im Marstall **(125/D 3)**
Gehört zum »Resi«. Intendant Dorn will aus der Experimentierbühne einen Werkraum machen. *Marstallplatz, Tel. 22 13 16, U 3/4/5/6 Odeonsplatz, Tram 19*

Theater und ... so fort **(119/E 4)**
Früher »Modernes Theater«, nach Intendanzwechsel jetzt wilde, spannende Mischung aus Dilettieren, Schauspielkunst und so fort. Ein Abenteuer für Theaterfreaks. Zur Not Kneipe im Foyer. *Vorstellungen meist 20.30 Uhr, auch Matineen, Kneipe 10–21 Uhr, Hans-Sachs-Str. 12, Tel. 23 21 98 77, U-Bahnhof Sendlinger Tor*

Theater 44 **(114/B 4)**
Alte Privatbühne mit unterschiedlicher Qualität. *Hohenzollernstr. 20, Tel. 322 87 48, U 3/6 Münchner Freiheit*

Volkstheater **(119/D 4)**
Die neue Intendantin war schon mal hier: Ruth Drexel hat den Karren aus dem Dreck gezogen und bietet anspruchsvolles Theater, auch im Dialekt. *Brienner Str. 50, Tel. 523 46 55, U 1 Stiglmaierplatz*

Werkraumtheater **(125/D 4)**
Experimente der Kammerspiele (wegen Umbau bis 2003 geschl.). *Hildegardstr. 1, Tel. 23 72 13 28, U S-Bahnhof Marienplatz*

Querbeet durch München

Die hier beschriebenen Spaziergänge sind in der Übersichtskarte auf dem hinteren Umschlag und im Cityatlas ab Seite 110 grün markiert

① SCHNÄPPCHENJAGD

Für diesen Spaziergang kann man die Kreditkarten zu Hause lassen. Auf Schnäppchenjagd geht man mit ein bisschen Bargeld, viel Zeit und der Lust zum Plaudern, mindestens einen halben Nachmittag.

Eigentlich bräuchte man für diesen Spaziergang ein Leiterwagerl. So nennt man auf bayerisch die kleinen Holzwägelchen zum Nachziehen, wie man es von besser ausgestatteten Pennern kennt.

Sie starten mit einem Frühstück in der *Friesischen Teestube (S. 49)* am Pündterplatz, das Ambiente führt zurück in die Trödelzeit. So gestärkt geht es ein paar hundert Meter nach Westen zur Belgradstraße 19, einem Eckhaus. Dort ist der *Muskelkater* zu Hause, so benannt, weil er allerlei gebrauchte Sportgeräte anzubieten hat.

Wem mehr nach Mode ist, kann in die nahe Hohenzollernstraße 44 zu *Pat's Boutique* marschieren und dort nach Einzelstücken von Armani oder Versace schauen (*Pat's Boutique* gibt es auch noch in der *Dachauer Straße 20* und der *Sonnenstraße 2*). Ins Innerste von Schwabing führt der Weg nun in die Haimhauserstraße 6 zu *Karola's Exklusiv Secondhandshop*; der falsche Apostroph ist in München in und verheißt Szeniges.

Wem jetzt schon nach Stärkung ist, der gehe ins *Café Münchner Freiheit*, der Kuchen dort schmeckt ausgezeichnet.

Mit der U-Bahn geht es nun in die Innenstadt. (Denn es gibt noch viel zu erwandern.) Am Marienplatz steigen Sie aus und lassen das Kaufhaus Beck auf alle Fälle heute links liegen, trotz seiner reizvollen Ethno-Musikabteilung. Gehen Sie stattdessen in die Ledererstraße 19 ins *Shirokko*, hier gibt es Musikscheiben aus aller Welt – eine Hörreise um den Globus. Egal, ob Sie etwas Passendes gefunden haben, nun geht es zum *Böhmler* im Tal. Das ist zwar eines der teuersten Einrichtungshäuser der Stadt, hat aber im hinteren Teil der nach ihm benannten Passage oft phantastische Sonderangebote (liefert auch aus).

Übers Tal rüber ist man schon am *Viktualienmarkt.* Dem eilt der Ruf voraus, besonders teuer zu sein. Das stimmt nicht ganz: An manchen Brotzeitläden kostet die Breze nur 50 Pfennig, bei Spargel differieren die Preise um 100 Prozent, und an den Weinständen muss man nur nach Sonderangeboten fragen.

Diese Gegend hier, sie ist nicht nur die münchnerischste, sie hat eben auch die meisten feinen Schnäppchenläden. Nur eine kleine Auswahl: Gleich beim Viktualienmarkt beginnt die Reichenbachstraße, in Nummer 5 bis 7 ist *Tretter Occasion* zu Hause, für jene, die gepflegtes Fußbett lieben und wenig dafür zahlen wollen. Service mangelhaft, aber eben oft nur halbe Preise. Über die Müllerstraße hangelt man sich vor zur Fraunhoferstraße, biegt dort links ein bis kurz vor den *Gasthof (S. 55)* gleichen Namens. In der Nummer 1 ist *Margit Muggenthalers Trödelladen (S. 61)*, der charmanteste seiner Art mit der charmantesten Trödlerin der Stadt.

Zurück zur Müllerstraße und links rein. Dort beginnt das Dorado der Ladenschnüffler. Nur zwei Beispiele: in *Spiel Art* (gegenüber der Hypovereinsbank) wird das Kind im Manne sehr lebendig, in *Birdies Nest* Ecke Holz- und Pestalozzistraße kann der Jazzfan in die Vergangenheit abtauchen.

Jetzt wird es aber Zeit für eine Abschlussbilanz bei Bier und Brotzeit. Es empfiehlt sich hier das *Faun* mit einer Karte von Chili bis Schweinsbraten, mit der Chance, im Freien zu sitzen und zusammenzurechnen *(Westermühlstraße Ecke Hans-Sachs-Straße).*

② AUF ROLLEN DURCH DIE MODERNE ARCHITEKTUR

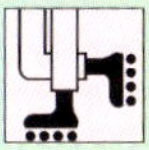

München ist mehr als Frauenkirche und Maximilianeum. Hier fand in den letzten 30 Jahren bahnbrechende Architektur statt, und zwar über die ganze Stadt verstreut, weswegen sich dieser Ausflug vor allem auf Rädern, egal welcher Art, lohnt. Dauer: je nach Kondition mindestens vier Stunden.

München – Hauptstadt der modernen Architektur, kann man diesen Spaziergang nennen. Und damit die einzelnen Objekte der Begierde auch in entsprechend zeitgemäßer Art erreicht werden, wird die Route so gelegt, dass man sie auf Inline-Skates fahren kann. Man kann sie auch ausleihen, für etwa 15 Mark pro Tag (inklusive Ellbogen-, Knie- und Handschützer), zum Beispiel bei *Sporthaus Schuster (S. 61)* in der Rosenstraße (U-Bahnhof Marienplatz). Wer auf den Rollen nicht so fit ist, kann für diese Tour auch ein Fahrrad (am Bahnhof) leihen.

Mit der U-Bahn fährt man ins *Olympiazentrum (S. 24)* und rollt sich ein bisschen ein in diesem wunderbaren Ambiente. Gebaut wurde das 70 000-Plätze-Stadion für die »heiteren Spiele« 1972 (die dann leider wenig heiter endeten nach dem Terroranschlag der PLO) von Deutschlands prominentestem Architekten, Günter Behnisch aus Stuttgart. Weltweit gibt es keine ähnlich kühne Dachkonstruktion. Das Stadion wurde, was Stadien sonst selten werden: ein Wahrzeichen der Stadt. Dass man derzeit daran denkt, es umzubauen, ganz zu überdachen, wird von Ästheten als Anschlag auf die Münchner Kultur betrachtet.

Sie verlassen das Olympiagelände auf der Ostseite beim Eissportstadion und rollen auf der Brücke über den Mittleren Ring, wo einen das größte vierblättrige Kleeblatt der Welt erwartet: das *BMW-Hochhaus (S. 15)*. Angeordnet wie vier Motorzylinder steht es da als Wahrzeichen technoider Architektur, ebenfalls 1972 erbaut, gezeichnet von Karl Schwanzer.

So, und nun tief durchgeatmet, jetzt kommt ein längerer Weg, aber ein sehr hübscher. Über die Milbertshofenerstraße fährt man zum Nordfriedhof. Dort beginnt der *Englische Garten*, an dem man auf der Osterwaldstraße entlangrollen. Wieder überqueren Sie den Ring (nicht so sichere Skater können sich am Brückengeländer entlanghangeln) und machen dann am Osterwaldgarten verdiente Rast, bevor Sie über die Kiefer- und Mandlstraße im schönsten Schwabing zur Tivolistraße rollen und auf ihr den Englischen Garten zum *Tucherpark* queren. Dort wartet ein in den Siebzigerjahren als sensationell eingestufter Bau: die *Bayerische Rückversicherung*. Die zylindrischen Bürotrakte sind vom zentralen Versorgungskern abgehängt, als habe man von oben nach unten gebaut. Uwe Kiessler hat damit den Grundstein gelegt für seinen weltweiten Ruf als wahrhaft kühner Architekt.

Hier nun trennen sich Radler und Skater, der Steigung wegen. Während die Rollerblader sich am *Chinesischen Turm* eine Maß kaufen, strampeln die Radler rauf über die Montgelasstraße zum Effnerplatz, um dem *Hypo-Hochhaus (S. 15)*, das aussieht, als stamme es aus Chicago, die Reverenz zu erweisen (Ende der Achtzigerjahre von Walter und Bea Betz als Ausrufezeichen des Kapitalismus entworfen). Die Skater fahren – mit Rücksicht auf die Passanten – langsam auf dem Bürgersteig der Emil-Riedl-straße zur Prinzregentenstraße vor und dort zur Ecke Bruderstraße, wo Otto Seidlers neuester Bau steht, ein gigantischer Wohn- und Bürokomplex, eine Farborgie von Krachblau bis ins britische Racinggreen.

Zum Schluss treffen sich alle wieder in der Türkenstraße 30 (die Skater nützen dafür am besten die Von-der-Tann- und Theresienstraße). Dort ist Münchens *Architekturgalerie* zu Hause mit modernsten Ausstellungen. Dafür aber muss man dann die Rollschuhe ausziehen.

③ MÜNCHEN KLASSISCH BAYERISCH

Auch ein Spaziergang durch das Bilderbuch-München birgt Überraschungen, wenn man sich nur auf die Freiheiten bajuwarischer Lebensart einlässt. Er dauert je nach Gaststättenverweildauer etwa drei Stunden.

Natürlich muss das sein! München klassisch, München so, wie man es überall gelesen hat. München, wie es klingt und kracht mit Kirchenglocken und Lederhosen. Eine Wanderung, für die man sich zwar nicht unbedingt einen Gamsbarthut kaufen muss. Aber schaden kann es auch nicht. Man sollte nur dran denken, dass man ihn beim Start unseres

Spaziergangs gleich abnehmen muss, denn begonnen wird dieses Tagwerk, wie es sich für einen frommen Münchner gehört: in der *Frauenkirche (S. 20)*.

Geschafft von der Strenge der späten Gotik und von der Fahrt auf den südlichen Turm hinauf (99 Meter), wandern Sie ostwärts zum Marienplatz, sind vielleicht gerade um 11 Uhr beim Glockenspiel mit dabei und haben die erste Rast verdient: Empfehlung dazu das *Weiße Bräuhaus (S. 55)*. Doch Vorsicht, es ist noch früh, das Bier ist stark, der Tag noch lang, die nächste Verlockung nah. Im *Valentin-Musäum (S. 41)* gleich am Ende vom Tal im Isartor kann man nämlich ganz oben auch Weißwürste genießen, inklusive Weißbier.

Jeden anständigen Bayern, die gibt es auch bei der SPD, zieht es in die Nähe des *Maximilianeums*, Sitz des Landtages *(S. 15)*. Sie nutzen dazu die Thierschstraße, die von der Zweibrücken- zur Maximilianstraße führt, und lassen sich zu ein paar Abbiege-Abenteuern, etwa durch die Adelgundenstraße, treiben. Das ist Münchner Bürgerarchitektur, wie sie leider in vielen Stadtteilen im Zweiten Weltkrieg zerstört wurde.

Heute reicht ein Blick auf den Landtag, danach biegt man in der Maximilianstraße nach links ab, vorbei an der Regierung von Oberbayern, die so konservativ ist wie der Bau auf der anderen Straßenseite, und wandert nach Westen runter zum Max-Joseph-Platz.

Hier schütteln Sie wie alle Gamsbarthutträger den Kopf über die frechen Kids, die vor dem ehrwürdigen *Nationaltheater (S. 16 und 78)* mit den Inline-Skates rumdüsen und hüpfen, und spülen den Ärger über die verdorbene Jugend bei einem Glas Nummer 4a in den *Pfälzer Weinprobierstuben* in der Residenz runter. Dann liegt der strenge Boulevard der Ludwigstraße vor Ihnen. Vorbei am *Geschwister-Scholl-Institut*, an der *Staatsbibliothek* und der *Ludwig-Maximilians-Universität (S. 19)* biegen Sie beim Siegestor rechts ab in die schmale Ohmstraße, bevor Auge und Gamsbart vom Anblick des riesigen »Walking Man« (Vorsicht: moderne Kunst) in der Leopoldstraße allzusehr beleidigt werden. Dann schon lieber über die Königinstraße Richtung Innenstadt schlendern oder auf einem der Wege parallel dazu im Englischen Garten, um sich dem *Haus der Kunst (S. 38)* mit all seiner unrühmlichen Vergangenheit und der Staatsgalerie Moderner Kunst von hinten zu nähern.

Wem das zu anstrengend ist, der wandere durchs Lehel (Liebigstraße) rauf zur Widenmayerstraße und rüber zur Praterinsel. Hier kann man im Gebäude des *Deutschen Alpenvereins* studieren, wo die Gamsbärte herkommen, oder an der Muffathalle (nur was für Nichtgamsbartträger) vorbei zum *Müllerschen Volksbad (S. 16)* wandern. Ein Dampfbad geht immer, man kann alle Utensilien ausleihen.

Jetzt geht es ins Hofbräuhaus *(S. 55)* »Kellnerin, a Maß!« heißt das und bedeutet, dass man freundlich darum ersucht, einen Liter Bier zu bekommen. Nur im *Dürnbräu* in der gleichnamigen Gasse ist es noch ein bisschen echter und münchnerischer.

Wie Gott in Bayern

Genussfreudige Mönche, weiße Flotten, barocke Orte und gemütliche Wirtshäuser warten auf die Tagesausflügler aus München

EINMAL BAYERN UND ZURÜCK

150 km, 6–8 Std. Fahrzeit

Natürlich in den Süden. Das sagt jeder. Doch wohin? Trampelpfade wie »Auf König Ludwigs Spuren« sollen, so gut es geht, vermieden werden. Sie möchten Abwechslung, lieben ein buntes Bild von Bayern. Und Sie mögen keinen Streß. Also: Fahren Sie doch über Bad Tölz, Lengries und die Jachenau zum Walchensee und über Garmisch wieder zurück, doch nicht nur auf der Autobahn, nein: Da gibt es noch einen kleinen Abstecher zu einem der schönsten Flecken Erde in dieser Gegend. Dazu aber später. Sie können gemütlich frühstücken, denn insgesamt fährt man nur etwa 150 km.

Zunächst einmal rauf auf die Autobahn Richtung Garmisch, die so gut wie nie überfüllt ist. Am Starnberger Dreieck noch geradeaus Richtung Garmisch, doch schon an der nächsten Ausfahrt geht es runter. Nach links Richtung Hohenschäftlarn, durch den Ort, die B 11 gekreuzt und runter ins Isartal nach *Kloster Schäftlarn* (**U/C4**). Parken gegenüber der wunderschönen Barockkirche und erst einmal durchatmen. Hier weht der Geist des Humanismus. Kloster Schäftlarn ist eine der schönsten Anlagen aus der bayerischen Kirchengeschichte, der Blick in die Basilika – sie ist eigentlich immer offen – zeigt, wie reich die Klöster vor der Säkularisation waren.

Schräg gegenüber: das *Klosterstüberl* mit Biergarten *(Klosterbräu, Kloster Schäftlarn, tgl. 10–23 Uhr, Schäftlarn 16, Tel. 08178/36 94, 82067 Ebenhausen)*. Ein zweites Frühstück könnte nicht schaden.

Weiter auf der kleinen Straße über die Isar (vorbei am *Brukkenfischer*, einem entzückenden Gasthaus), rauf zum Hochufer, rechts halten bis zur Hauptstraße Richtung Deining und Bad Tölz. Übrigens, wer die Tour entgegengesetzt fährt, findet in Bad Tölz (**U/C5**) ein vorzügliches Lokal zum Ausklang des Tages, das *Alte Fährhaus*, an der Stadtgrenze Richtung München links rein. Gehobene Küche und Preise, aber das lohnt sich, Reservierung empfehlenswert *(Warme Küche*

Mi–Sa 11.30–14 Uhr, 18 bis 21.30, So durchgehend 11.30–21, An der Isarlust 1, Tel. 08041/60 30, 83646 Bad Tölz, Kategorie 1).

Doch ist es noch zu früh zum Dinieren. Durch *Bad Tölz*, ein schönes, aber etwas zerrissenes Städtchen, folgen Sie den Wegweisern nach Lengries (**U/C5**), dorthin sind es noch mal ungefähr 11 km. Dort fahren Sie über den Linksabbieger und dann rechts über die Brücke, in Richtung *Brauneckbahn*. Und jetzt geht es erst einmal nach oben. Die alte Kabinenbahn bringt einen für 22 Mark pro Nase einmal rauf und wieder runter *(tgl. 8–16.30 Uhr)*. Droben erwarten Sie ein phantastisches Panorama, eine wunderbare Spazierlandschaft auf etwa 1500 m Höhe (wir empfehlen die gute halbe Stunde zur Bayernhütte). Staunen und schauen: Hier starten die Drachen- und Gleitschirmflieger, die Ikarusse der Neuzeit. Man könnte sie stundenlang bewundern. Und wer im Gleitschirm einmal mitfliegen will: Nach telefonischer Voranmeldung bei der *Gleitschirmschule Adventure Sports (Tel. 08042/94 86)* bekommt man für 190 Mark dieses unvergessliche Erlebnis geboten.

Wieder zurück am Parkplatz: ein paar hundert Meter zurück zur Straße und dann rechts Richtung Wegscheid, Sie bleiben also auf der linken Seite der Isar. Jetzt geht es in ein Tal, das so reich an alten Geschichten ist, dass man den verschmitzten Bauern nächtelang zuhören könnte: in die *Jachenau*. Ins Bilderbuchbayern. Vereinzelte Weiler, dort ein Hof, da eine kleine Wirtschaft. Und eigentlich überraschend wenig Durchlauftourismus. Eine ideale Gegend zum Spazierengehen oder, im Winter, zum Langlaufen.

Im Ort Jachenau (**U/C5**) links halten, und schon geht es auf einer winzigen Privatstraße in Richtung eines der schönsten Seen dieser Region (vor der Straße steht zwar ein Mautschild, doch auf keiner der Testfahrten wurde je kassiert). Diese knapp 10 km lange Strecke, sie ist im Winter oft gesperrt, führt zum *Walchensee* (**U/B5–6**), der auf 802 m Höhe liegt, recht kalt ist und eingerahmt wird von Wanderbergen wie dem Jochberg im Norden, dem Estergebirge im Westen und dem mächtigen Karwendel im Südosten. In Einsiedl treffen Sie wieder auf die B 11. Wenn die Zeit noch reicht, biegen Sie nach links ab Richtung Mittenwald, fahren nach Krün, etwa 8 km rechts auf die B 2 Richtung Garmisch und lassen das Auto kurz vor der Stadt rechts stehen, wo es heißt: nach Schlattan. Ein kurzer Fußmarsch von 20 Minuten bringt einen zu einer herrlichen Hütte, dem Landeplatz der Gleitschirmflieger vom *Wank*, dem mächtigen Berg im Westen. Garmisch lohnt nicht, Partenkirchen auch nicht, also tritt man den Heimweg an, durch das Nadelöhr der B 2 bis zum Beginn der Autobahn nach München. Wenn Stau ist, in Farchant rechts abbiegen zum Bahnhof, dort in das Wirtshaus *Zur Kuhflucht (tgl. außer Mi 8 Uhr »bis der letzte Gast gegangen ist«*, so die Chefin, *warme Küche 11 bis 20.45 Uhr, Mühldörfelstr. 2, Tel. 08821/62 26, 82490 Farchant, Kategorie 3)* und warten, bis der Verkehr vorbei ist.

Auf der Autobahnauffahrt Penzberg (**U/B5**) trifft man jene wieder, die in Walchensee rechts auf die B 11 eingebogen sind und über den Kesselberg (am Wochenende für Zweiradfahrer gesperrt), den Kochelsee und die Orte Kochel und Penzberg zurückgefahren sind. In Kochel (**U/B5**) liegt am Ortsanfang das berühmte *Franz-Marc-Museum (April–Okt. und 25. Dez. bis 15. Jan. tgl. außer Mo 14 bis 18 Uhr, Erwachsene 4 Mark, ermäßigt und Kinder von 6 bis 16 Jahren 3 Mark, Herzogstandweg 43, 82431 Kochl am See).*

Sie verlassen die Autobahn an der Abfahrt Seeshaupt in Richtung Seeshaupt am Starnberger See (**U/B4**), fahren in St. Heinrich rechts und brauchen ein bisschen Pfadfinderfeeling, um zum *Fischmeister* in *Ambach* zu gelangen. Man nimmt die Abbiegung nach links in Weidenkam bis runter zum See. Das Parken ist schwierig, denn die letzten hundert Meter seeaufwärts sind für Autos gesperrt, auch wenn alle Münchner reinfahren. Dann ein mächtiges altes, gelbes Haus. Ein Biergarten, der Dampferanleger der weißen Flotte, ein Stück Himmel auf Erden, wenn man von der ab und zu überforderten Bedienung absieht. Und noch ein Tipp für Genießer: Hier gibt es Unertl-Weißbier *(Mo und Di Ruhetage, Mi–Fr 16–24 Uhr, Sa und So 12–24 Uhr, warme Küche immer bis 22 Uhr, Seeuferstr. 31, Tel. 08177/5 33, 82451 Ambach am Starnberger See, Kategorie 2).*

Weißbier? Da haben wir was vergessen. Wer, vielleicht wegen Regens, nicht nach Ambach will, sollte nach einem kurzen Stück Autobahn schon von Penzberg her nach *Murnau* (**U/B5**) abbiegen und dort, mitten in der Stadt, den *Karg* aufsuchen zum Zwecke ausgiebigen Abendessens. Dort gibt es eines der besten Weißbiere der Welt und mit Sicherheit die besten und größten Schweinshaxen zwischen Salzburg und Stuttgart. Und das alles zu einem höchst vernünftigen Preis *(Di–So 7–24 Uhr, Untermarkt 27, Tel. 08841/82 72, 82418 Murnau, Kategorie 3).*

Ja, und schon ist man zurück in München, nach etwa sechs bis acht erholsamen Stunden die nicht nur im Auto verbracht worden sind. Und noch ein Tipp sei allen Wochenendausflüglern gegeben: Fahren Sie nach dieser Tour auf der Autobahn nicht bis zu deren Ende am Mittleren Ring, Staugefahr! Einen Kilometer vorher in Kreuzhof raus, rechts halten bis zur Wolfratshauser Straße und dann rein in die Stadt, das geht sicher schneller.

MIT DEM RADL UM DEN STARNBERGER SEE

75 km, 5 Std. Fahrzeit

Hier, zwischen Starnberger See und Ammersee, liegt eine geheimnisvolle Landschaft, die man eigentlich am besten erwandert. Doch auch mit dem Fahrrad kommt man den Geschichten dieser Gegend näher, Geschichten, die so voll sind von Kobolden und Feen und sympathischen Gespenstern, dass sogar der Märchenerzähler Michael Ende sich inspirieren ließ und seine hübsche Geschichte vom braven Geist Gogolori nach alten Aufzeichnungen nachdichtete.

Wer in Andechs eine Rast einlegt, wird auch das berühmte Bier trinken

Die fleißigeren Radler fahren mit der S-Bahn S 6 nur bis ins *Mühltal.* Dort liegt einer der schönsten Biergärten des Münchner Südens, am Wochenende auch mit Dixieland *(Wirtshaus Obermühltal, tgl. außer Mo 12 bis 24 Uhr, Biergarten ab 10 Uhr, Tel. 08151/85 85).*

Zum zweiten Frühstück tut's ein Radler oder ein leichtes Weißbier, dann aufs Stahlross, runter ins Würmtal (**U/B 3**) und rechts Richtung Starnberg. Die paar Kilometer bis dort sind ideal zum Aufwärmen.

Starnberg (**U/B 4**) selbst kann man getrost vergessen, es sei denn, man entert eines der Schiffe der Weißen Flotte zur Rundfahrt um den See. Die Stadt ist zwar eine der reichsten Bayerns, aber auch eine der hässlichsten. Also: Augen zu und durch in Richtung Weilheim. An der Ampel am Berg rechts nach Söcking.

Links von der Straße führt nun bald ein gepflegter Radlweg hügelige 14 km in Richtung *Andechs* (**U/A–B 4**), ein Name, bei dem Bierkenner und Klosterspezialisten aufmerken: Andechs ist ein Benediktinerkloster, das sich, anders als die meisten dieses Ordens, nicht der Pädagogik widmet, sondern der hehren Kunst des Bierbrauens, und dies mit manchmal weit größerem Erfolg als die Kollegen Patres Lehrer. Spezialitäten sind, neben dem Gerstensaft, der Andechser Käse und der Obatzde *(Klostergasthof, Kloster Andechs, tgl. 10–24 Uhr, warme Küche 11–22 Uhr, Bergstr. 16, Tel. 08152/9 30 90, 82346 Andechs, Kategorie 3).*

Es ist der Fluch dieses heiligen Berges, dass man besser rauf als runter kommt. Doch ein Radler trinkt nur ein solches und fährt weiter. Südlich des Klosters verzweigt sich die Straße, nach rechts geht's zum Ammersee nach Herrsching oder Dießen, wir aber halten uns links und fahren Richtung Machtlfing zum Starnberger See. Wer Andechs als »Tankstation« ausgelassen hat, kann sich eben in Machtlfing beim *Höfler-Wirt (Tel. 08157/17 27)* mit dem besten Leberkäse der Gegend belohnen.

Eine kurvige, enge, wunderschöne und wenig befahrene Straße führt zur B 2, die Sie, nach Süden eingebogen, schon nach hundert Metern wieder verlassen. Über das grüne Weideland geht's dann bald endlich abwärts nach Garatshausen und *Tutzing* (**U/B 4**). Badepause!

In der *Tutzinger Bucht* ist das Wasser vor allem bei den vorherrschenden Westwinden ruhig und sauber. Sagten wir Wind? Den kann man ebenfalls erholungsmäßig nutzen: Hier gibt es jede Menge Segelbootverleiher. Und weil in Bayern keine »Scheinpflicht« herrscht, kann jeder, der weiß, wo Luv und Lee ist, auch ein Boot mieten *(etwa 20 Mark in der Stunde, je nach Typ und Größe)*.

Doch das Radl ruft! Lassen Sie sich nach Süden treiben, auf dem wunderschönen Radlweg abseits der Straße, in Richtung *Bernried*, vorbei am Reha-Krankenhaus Höhenrain. Schon wieder ein Hafen mit Hunderten von Booten. Die Marina von Bernried ist der einzige Hafen ohne Segelclub, dafür mit Gastliegeplätzen, wenn man sich in dem Marina-Hotel einquartiert *(Hotel Marina, Am Yachthafen 1–15, Restaurant tgl. Frühstück 7–11.30, 11.30–14 Uhr geschl., warme Küche 18–21.30 Uhr, kalte bis 22 Uhr, Tel. 08158/93 20, 82347 Bernried, Kategorie 2)*. Ein bisschen nobel, das ganze, und das Restaurant ist teurer, als es sein sollte.

Also weiter, nach Seeseiten. Zugegeben, an schönen Tagen, vor allem am Wochenende, braucht man Geduld. Doch das Warten lohnt sich. Das Wirtshaus des Fischermeisters Damaschke liegt so zauberhaft, dass man ruhig ein bisschen verschnaufen kann, bis die Bedienung Zeit für einen hat. Hier einen hausgemachten Kuchen oder fangfrischen Fisch probieren, dann weiß man, was es heißt, in Bayern zu sein. Das Wirtshaus nennt sich *Café Seeseiten (tgl. 9–19 Uhr, warme Küche 11.30–14.30 Uhr, abends nicht! Tel. 08801/7 42, Kategorie 3)*.

Nun ist es nur noch ein kurzes Stück bis zum südlichen Ende des Starnberger Sees, nach *Seeshaupt* (**U/B 4**). Hier findet man am Lido einen schönen Badeplatz und einen angenehmen Biergarten *(Lido, tgl. 9–24 Uhr, warme Küche 11–23 Uhr, Sankt-Heinrich-Str. 113, Tel. 08801/5 33, 82402 Seeshaupt)*.

Von hier aus geht es ans Ostufer, und man fährt am besten den See entlang bis nach *Münsing* (**U/B 4**, vorbei am Fischmeister von Ambach, siehe Bad-Tölz-Tour). Man passiert dabei das größte Badegelände des Starnberger Sees, es gehört dem ADAC. Wer Massenbetrieb à la Rimini liebt, ist hier gut aufgehoben.

Wer will, kann entspannt weiter bis Starnberg radeln, doch wer noch Kraft und Lust hat, sollte einen etwas verzwickten Umweg wagen: In Münsing rechts Richtung Wolfratshausen, dann kurz nach dem Ort links rein Richtung Dorfen, ein Sträßlein entlang, kein Verkehr, durch Wald und Auen, nach der Autobahnunterführung vorbei an einem herrlichen Bauernhof mit einem phantastischen Blick ins Isartal. In Dorfen erst rechts, dann gleich wieder links auf die B 11 bis Ebenhausen, dort rechts abgebogen und in verwegener Abfahrt runter nach Kloster Schäftlarn (**U/C 4**).

Man befindet sich auf der Olympiastrecke von 1972 und schwitzt beim Aufstieg am östlichen Isarufer wie die Heroen von damals. Doch endlich, in Straßlach (**U/C 3**), wartet ein wunderbares Wirtshaus: *Gasthof zum Wildpark (tgl. 9.30–24 Uhr, warme Küche tgl. 11.30–21.30 Uhr, Tölzer Str. 2, Tel. 08170/635, 82064 Straßlach, Kategorie 2)*; übrigens auch ein Tipp für einen abendlichen Gasthausausflug.

Von hier aus ist es ein Katzensprung bis München, kein Berg quält mehr die Muskeln. Und wer dennoch nicht mehr kann, nehme ab Grünewald die Straßenbahn.

AUF NACH NIEDERBAYERN

250 km, 4–4,5 Std. Fahrzeit

Wer in München sagt, er stamme aus Niederbayern, erntet meist ein mitleidiges Lächeln ähnlich dem, das dem Ostfriesen in Hamburg entgegenschlägt. Dieses Lächeln ist Ausdruck einer gewissen Arroganz (die den einen oder anderen Münchner gerne auszeichnet). Eine Reise nach Niederbayern – wir rechnen mit einer Distanz von etwa 250 km – ist ein Ausflug ins untouristische, echte Bayern, dorthin, wo eigenwillige Menschen einen eigenwilligen Dialekt pflegen; dorthin, wo sanfte Hügel das Bild beherrschen und unendlich reiche Bauern auf Höfen regieren wie einst die Vögte. Die Tour geht über *Landshut, Vilsbiburg, Altötting* und zurück nach München.

Der Start führt über die Autobahn Nürnberg bis zum Kreuz Neufahrn (**U/C 2**), wo man nach rechts Richtung Deggendorf und Flughafen München abbiegt. Übrigens: Wer noch nicht da war, sollte die kurze Schleife rund um den neuen Münchner Airport nicht auslassen, die Architektur ist stilbildend, wenn auch die Funktionalität des Flughafens weiterhin recht umstritten ist. Doch weiter auf der BAB bis zur Ausfahrt Moosburg-Nord (**U/D 1**). Von dort geht es auf der B 11 nach *Landshut* (**U/E 1**). Schon von weitem grüßt St. Martin, der mit 130,6 m zweithöchste Ziegelturm der Welt und Gottesfinger einer wunderbaren gotischen Kathedrale am östlichen Ende der Altstadt.

Landshut, ein Idyll. Reich, sehr bürgerlich, ein architektonisches Wunderland. Die in wechselndem Rhythmus stattfindende Fürstenhochzeit ist immer noch eine Weltattraktion. Aber auch darüber hinaus gilt Landshut mit der prächtigen Burg Trausnitz dem Insider als eine der schönsten Städte Bayerns.

Man sollte sich Zeit lassen, durch die Arkaden der Altstadt bummeln, in den kleinen Galerien ein bisschen shoppen, die Neustadt (auch sie ist alt) nicht

Ein Reise-Muss: Burg Trausnitz

vergessen und in einem der Straßencafés eine Pause einlegen. Man kann beim *Koch-Wirt (tgl. 9–1 Uhr, warme Küche 9–23 Uhr, Altstadt 388, Tel. 0871/222 24, 84028 Landshut, Kategorie 3)* gutbürgerlich essen oder oben auf dem Hofberg in der *Weickmannshöhe* einkehren, mit prächtigem Blick aufs Land *(tgl. 11–14.30 Uhr und 15.30–24 Uhr, warme Küche bis 23 Uhr, Weickmannshöhe 13, Tel. 0871/241 18, 84036 Landshut, Kategorie 2)*. Vorher aber muss (!) man das alte Rathaus und die Burg Trausnitz *(Okt.–März 9–12 und 13–16 Uhr, sonst 13–17 Uhr)* gesehen und ihr Burgcafé *(Tel. 0871/263 31)* besucht haben.

Der Weg rauf zum Hofberg und zur Weickmannshöhe ist ein bisschen tricky: Entweder die steile Straße direkt zur Burg (für Anlieger) und dann weiter zur Weickmannshöhe oder Richtung B 15 und Taufkirchen, fünfhundert Meter nach dieser Abzweigung in Landshut-Achdorf links rauf zum Hofberg. Zwei Kilometer nach der Stadtgrenze stößt man auf die B 299 nach *Vilsbiburg* (**U/E 1**).

Das alte Stadttor und das Stadtbild runter zur Vils sind recht hübsch, wenn auch von einigen Architektursünden getrübt. Die Stadtpfarrkirche ist, für die Gegend typisch, St. Martin von Landshut nachempfunden, am östlichen Berg steht die Wallfahrtskirche Mariä Hilf. Doch so weit müssen Sie gar nicht, weil Sie in Vilsbiburg vor der Altstadt nach rechts Richtung Velden abbiegen. Nun geht's ins Gebüsch.

Das Tal links der Vils aufwärts, durch kleine Weiler wie Frauenhaarbach oder Vilslern (da gibt's überall kleine, unverfälschte Wirtshäuser!) bis Velden und dort mittendurch, weiter nach Buchbach und von dort nach Schwindegg. Dies ist keine Reise für Raser, sondern für Genießer. Schönstes Niederbayern, kein Tourist weit und breit (ehrlich), und die Strecke von Schwindegg nach Mühldorf (**U/F 2**) ist sowieso an wilder Romantik nicht zu überbieten.

Mühldorf selbst ist kein Hit. *Altötting* (**U/F 2**) schon. Nicht nur der Gnadenkapelle wegen, sondern weil man hier im *Hotel zur Post (Hotelrestaurant, tgl. 7–22 Uhr durchgehend, Kapellplatz 2, Tel. 08671/50 40, 84503 Altötting, Kategorie 2)* Gast ist bei einem ehemaligen bayerischen Top-Politiker, der das Wort »Amigo« ein bisserl zu ernst genommen hat. Aber das ist eine andere Geschichte.

Wer spät in München aufgebrochen ist, wird jetzt auf der B 12 nach Hause fahren (Vorsicht, das ist eine der gefährlichsten Rennstrecken Bayerns, Radarfallen ohne Ende, und das zu Recht). Doch wer noch Zeit und Lust hat, sollte andersrum zurückfahren und einen Umweg von etwa 60 km in Kauf nehmen: über das nur 17 km entfernte Burghausen (**U/F 3**) und dort unbedingt im *Hotel Post* speisen und Johanna einen schönen Gruß sagen *(tgl. 6.30–1 Uhr, Am Stadtplatz 39, Tel. 08677/96 50, 84489 Burghausen, Kategorie 2)*. Ein Burgbesuch ist ebenfalls Pflicht *(die Burg ist immer geöffnet, Führungen: Tel. 08677/24 35)*.

Jetzt aber geht es endlich Richtung Westen, zunächst mit Südeinschlag nach Trostberg und Altenmarkt, dann weiter Richtung *Wasserburg* (**U/E 3**). Pause!

Die Altstadt ist wunderschön und entschädigt für den etwas langweiligen Rest der Strecke zurück nach München.

Wenn Ihnen auf dieser Tour die gewohnt häufigen Verweise auf gute Wirtshäuser zu spärlich sind – dies ist Absicht. Man muss dieses Bayern auch ein bisschen selbst entdecken. Hier herrscht nicht große Küche, sondern Gemütlichkeit und Bayern pur. Einzelne Häuser hervorzuheben bedeutete Ungerechtigkeit. Doch zum Schluss eine Ausnahme: Südwestlich von Ebersberg (**U/D 3**, Abbiegung Richtung Grafing) liegt Herrmannsdorf, und dort gibt es den Bio-Bauernhof der Herrmannsdorfer Landwerkstätten mit angeschlossenem Gasthaus namens *Schweinsbräu* *(Mo und Di geschl., Tel. 08093/ 90 94 45)*. Hierüber schrieb die Süddeutsche Zeitung: »Man schmeckt es, dass die Schweine hier fröhlich sind.« Zurück nach München geht es über Glonn (**U/D 4**) und Siegertsbrunn.

EINE RUNDREISE MIT DEM SCHIFF AUF DEM CHIEMSEE

40 km, Fahrzeit 2 1/2 Std. große Rundfahrt, 1 Std. kleine Fahrt

Man könnte wie folgt beginnen: Anreise über die Autobahn bis Ausfahrt Bernau (Nr. 106) (**U/E 4**). Dann aufs Schiff und einmal rundherum; danach über Bernau, Marquartstein, Reit im Winkl, Kössen, Walchsee und Oberaudorf wieder auf die Autobahn Kufstein–Rosenheim und zurück nach Hause. *Dampfschifffahrtsflotte Chiemsee in Prien Tel. 08051/60 90*

Und über allem thront die mächtige Burg – das altehrwürdige Burghausen

Von Auskunft bis Wetter

Hier finden Sie kurz gefasst die wichtigsten Adressen und Informationen für Ihre München-Reise

AUSKUNFT

Fremdenverkehrsamt München
Geöffnet Mo–Do 9.30–15 Uhr, Fr 9.30–12.30 Uhr, rund um die Uhr telefonische Ansagen (Auskunft, Prospekte, Zimmervermittlung). Info:
Postfach, 80313 München, Fax 23 33 02 33, Telefon-Sammelnummer 233 03 00, tgl. 9–15 Uhr
Büro: Sendlinger Straße 1 (**124/B 5**).

Filiale Hauptbahnhof:
Am Südausgang zur Bayerstraße. (**124/A 4**) *Tgl. 8–23 Uhr, Tel. 23 33 02 57, www.muenchen-tourist.de*

Zentrale Zugauskunft, Tel. 01805/99 66 33, S-Bahnfahrplan, Tel. 55 75 75

Flughafen: Auskunft *Tel. 975-213 13,* Besucherdienst und Rundfahrten *Tel. 975-413 33*

Alpine Auskunftstelle des Deutschen Alpenvereins (125/E 4–5)
Hier gibt es zuverlässige Informationen und Tipps für Trips in die Berge. *Praterinsel 5, 80538 München, Tel. 29 49 40, E-Mail dav-auskunft@t-online.de*

Monopteros, der klassizistische Säulentempel im Englischen Garten

BANKEN – GELDWECHSEL

Banken und Sparkassen haben werktags von 9–15.45 oder 16 Uhr und am Donnerstag bis 18 Uhr geöffnet. Geldwechsel ist überall möglich. Größere Transaktionen sollten aber rechtzeitig telefonisch angekündigt werden. Im Hauptbahnhof hat die Deutsche-Verkehrs-Kredit-Bank von 6 bis 23.30 Uhr, auf dem Flughafen Riem von 7 bis 20.30 Uhr, auf dem Flughafen FJS hat die Deutsche Verkehrsbank von 6.15 bis 22 Uhr geöffnet. Die meisten Banken haben mittlerweile Geldmonitore, die alle wichtigen Kreditkarten akzeptieren (bei fremder Bank wird eine leider nicht geringe Gebühr abgebucht). Bei Verlust der Eurocheque-Karte gilt bundesweit die rund um die Uhr besetzte Notstelle unter *069/74 09 87.*

DIPLOMATISCHE VERTRETUNG

Österreich (**121/D 2**)
81675 München, Ismaninger Str. 136, Tel. 99 81 50

Schweiz (**124/C 2**)
80333 München, Brienner Str. 14, Tel. 286 62 00

FRISEUR

Le Coup **(124/C 3)**
Münchens Starfigaro heißt Gerhard Meir und glänzt nicht nur mit perfektem Service, sondern auch mit heftiger, nicht unsympathischer Medienpräsenz. Männer kommen mit 70 Mark weg, bei Damen kann eine Session bis zu 280 Mark kosten, ohne Superextras. *Mo–Fr 9–20 Uhr, Sa 9–14 Uhr, Tel. 22 23 27, Theatinerstr. 23*

FUNDBÜROS

Das städtische Fundbüro: *Oetztaler Str. 17,* **(117/F 6)** *Tel. 23 34 59 00, Mo–Fr 8–12 Uhr, Di auch 14–17.30 Uhr, U-S-Bahnhof Hauptbahnhof* Für Verluste im Hauptbahnhof: Fundbüro gegenüber Gleis 26 **(118/C 1)** *Tel. 13 08 66 64, tgl. 6.30–23.30 Uhr*

KFZ-VERWAHRSTELLE

Wenn's passiert ist: Autos werden in die Kfz-Verwahrstelle abgeschleppt. Sie ist rund um die Uhr geöffnet, liegt im Stadtbezirk Am Moosfeld und ist mit dem Taxi zu erreichen. *Tel. 42 77 90, Thomas-Hauser-Str. 19*

NOTRUF

Bei Diebstahl: Entweder zu einem Polizeirevier oder direkt ins Präsidium, *Ettstraße 2, Tel. 291 00 (Sammelnummer)*. Der allgemeine Notruf ist *110*. Feuerwehr, Notarzt und Rettungsleitstelle (zuständig für Krankentransporte und das Münchner Notarztsystem): *112*. Der Kassenärztliche Notfalldienst gibt telefonischen Ratschlag, organisiert aber auch den Notarztdienst per Ambulanz, *Tel. 55 17 71*

ÖFFENTLICHE VERKEHRSMITTEL

Das System des öffentlichen Nahverkehrs München *(Info-Tel. S-Bahn 55 75 75, sonst Tel. 21 91 33 22)* gilt als kompliziert und auch als recht teuer. Bevor sich der Tourist nun in Gefahr begibt, durch fehlerhaftes Stempeln 60 Mark für Schwarzfahren berappen zu müssen, beachte er folgende Tipps:

Innerhalb des Stadtgebietes prinzipiell zwei Streifen abstempeln, es lohnt sich auch eine Tageskarte. Für Fahrten außerhalb der Stadtgrenze: In jedem größeren U- und S-Bahnhof ist ein Automat mit Streckenkarte, auf der die Zahl der abzustempelnden Streifen aufgelistet ist. Günstig ist die Tourist Welcome Card (beim FVA am Hauptbahnhof erhältlich), z. B. Single-Tageskarte (DM 12), Single-3-Tageskarte (DM 29), Partner-3-Tageskarte (DM 42), inkl. Ermäßigungen in 30 historischen Sehenswürdigkeiten.

POST

Traveller Checks, Geldwechsel und ein Schreibbüro für Gehörlose bietet die Postfiliale 32 im Hauptbahnhof. *Bahnhofplatz 1* **(118/C 1)**, *Tel. 599 08 70, Mo–Fr 7–20 Uhr, Sa 8–16 Uhr, So und Fei 9–15 Uhr*

STADTRUNDFAHRTEN

Die Gesellschaft für Münchner Stadtrundfahrten bietet einen brauchbaren Service, wie es ihn

in jeder Großstadt gibt. Start am Bahnhofsvorplatz beim Hertie, Auskunft *Tel. 55 02 89 95*. Lustiger ist das Programm der Stattreisen München, die mehr als 60 verschiedene Touren zu Fuß, per Tram und Fahrrad anbieten und auch auf spezielle kulturelle Aspekte eingehen (*Tel. 54 40 42 30, www.stattreisen-muenchen.de*).
»Spurwechsel« bietet zum Beispiel eine Biertour an, weniger zum Trinken als zum Erforschen der Historie. Und wer es ganz bequem und dennoch alternativ will, kann sich mit dem Rikschamobil durch München kutschieren lassen *(Tel. 0171/287 30 32)*. Per pedes geht es durch und um München mit den Munich Bike & Walk Tours, die in Deutsch und Englisch Führungen veranstalten *(Tel. 58 95 89 33, www.bikeandwalkcompany.de)*. Weitere Adressen im Gelben Heft der Stadtinformation.

TAXI

Es sind hier etwa 3600 Taxis zugelassen. Man ruft ein Taxi entweder über die Zentralnummer *21 61-0* oder über den nächstgelegenen Standplatz (aufgeführt unter T auf einer extra dicken Seite im Münchner Telefonbuch L–Z). Der Taxi-Grundpreis ist 5 Mark, für die Anfahrt wird eine Zusatzgebühr von 1 Mark berechnet (pro Gepäckstück 50 Pfennig), der Kilometer kostet 2,20 Mark, die Wartestunde 30 Mark. Man kann über die Zentralnummern auch Kombis, Kleinbusse, behindertengerechte Wagen oder Taxis mit Funktelefon (nur wenn man eine Gebuhrenkarte hat) bestellen. Die Firma Yellow Cab kutschiert die Kundschaft mit dem Doppeldeckerbus durch Bayerns Hauptstadt *(Tel. 26 02 51 83)*. Taxis können auf den überfüllten Straßen angehalten werden. Am besten aber sucht man einen Standplatz auf. Außerhalb Münchens wird ein höherer Tarif verlangt, für Fernfahrten empfiehlt es sich, den Fahrpreis vorher auszuhandeln.

Am Ende der Autobahn Salzburg und Stuttgart ist vom ADAC ein Lotsendienst eingerichtet *(Zentral-Tel. 67 20 99)*. Für eine Gebühr (unter Taxitarif) steigt ein Lotse ein und bringt Sie zur gewünschten Adresse.
Ramersdorf (BAB Ri. Salzburg), Tel. 67 27 55; Obermenzing (BAB Ri. Stuttgart), Tel. 811 24 12

TRINKGELD

In allen Gastronomiebetrieben gibt man etwa zehn Prozent Trinkgeld. Der Taxifahrer erwartet zumindest eine Aufrundung.

VERANSTALTUNGS- UND THEATERKARTEN

Karten für die Bayerischen Staatstheater und Kammerspiele
Staatsoper: (**125/D 4**) *Maximilianstr. 11, Tel. 21 85 19 20*
Staatsschauspiel: (**124/C 3**) *Max-Joseph-Platz 1, Tel. 21 85 19 40*
Kammerspiele: (**125/D 4**) *Maximilianstr. 26, Tel. 23 33 70 00*
Alle U-S-Bahnhof Marienplatz
Gärtnerplatztheater: (**124/C 5–6**) *Gärtnerplatz, Tel. 201 67 67, U 1/2 Fraunhoferstraße*

Kartenvorverkauf

München Ticket GmbH (**124/B 4**) (vor allem für Veranstaltungen im Olympiagelände), *Tel. 54 81 81 81, Fax 54 81 81 54*

Abendzeitung: **(124/B 4)** *Sendlinger Str. 79, Tel. 26 70 24*
Kiosk im Marienplatz-Untergeschoss: **(124/C 4)** Theater, Konzerte, Sport, *Tel. 26 46 20*
Reisebank AG im Hauptbahnhof, **(119/D 2)**. *Tgl. 6–23 Uhr, Tel. 551 08 37*, Reisebank AG im Flughafen, Zentralgebäude B, *tgl. 6.15–22 Uhr, Tel. 970 17 21.*

VERANSTALTUNGS-TIPPS

Die Stadtzeitungen »Stadtmagazin« und »Prinz« haben einen umfangreichen Veranstaltungsteil. Auch das kostenlos in Kneipen ausliegende Heft »in« gibt ausführliche Informationen. Das offizielle Monatsprogramm des Fremdenverkehrsamtes ist meist in der letzten Woche des Vormonats schon erhältlich und bietet auf ca. 200 Seiten fast alles Wissenswerte über Vorverkaufsstellen, Oper, Konzerte und Kongresse. Dazu gibt es eine ausführliche Liste Münchner Galerien und spezielle Servicenummern für Frauen. In der Donnerstagsausgabe der Süddeutschen Zeitung liegt zudem »SZ Extra« bei, eine ausführlich kommentierte Veranstaltungs-Ausgabe.

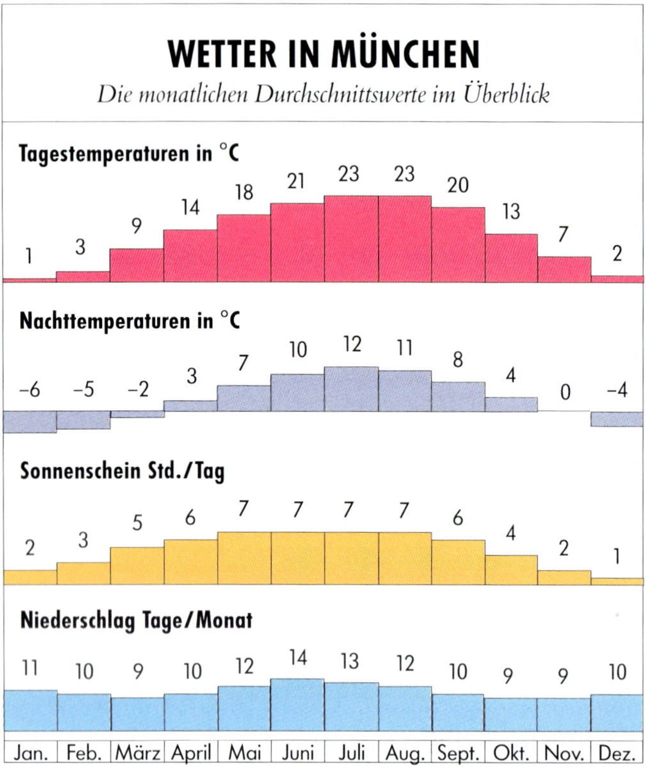

Bloß nicht !

Wir wollen Sie vor negativen Reiseerfahrungen bewahren und berichten von Münchner Eigenarten

Ein heikles Thema. Denn natürlich gehört zum Kennenlernen einer Stadt auch, ihre negativen Seiten zu erfühlen. Wer München wirklich im Ganzen erfassen will, muss sich dem Unmut eines Tischnachbarn ergeben, muss schon mal mit einem Parkwächter gestritten, von einem Straßenbahnschaffner wegen zu langsamen Zusteigens gerüffelt und von einem Türsteher an der Disko abgewiesen worden sein. Doch damit Ihnen unsere Stadt nicht allzu negativ in Erinnerung bleibt, ein paar Kleinigkeiten, wie man sich Unbill und Ungemach ersparen kann.

In München Auto fahren

Lassen Sie, auch wenn Sie Neapel- und Pariserfahrung haben, Ihr Auto in der Hotelgarage oder am Stadtrand stehen (Gepäck raus). Auto fahren in München, das ist – besonders während der Rush-hour – ein Kampf auf Biegen und Brechen. Nicht nur, dass die Stadt nicht einmal für ihre eigenen Bürger genug Parkplätze zur Verfügung hat, man also nahezu gezwungen ist, falsch zu parken. Es herrscht leider hierorts weitverbreitet die Meinung, dass auf der Straße das Gesetz der Härte und Unnachgiebigkeit zähle. Es wird prinzipiell bei Gelb gestartet und ebenso prinzipiell bei Gelb noch durchgefahren, trotz vieler Blitzlichtüberwachungsanlagen. Höflichkeit, Zuvorkommenheit, Freundlichkeit bremsen nur den Verkehrsfluss, so die Meinung einiger schwarzer Schafe, die aber das Geschehen auf den Straßen bestimmen. Dazu kommt, dass die Stadtväter diesen Verkehrsfluss mit immer neuen Hindernissen bremsen wollen. Wer falsch parkt, ist mit mindestens 30 Mark dabei, im Zweifelsfalle wird rigoros abgeschleppt (was inklusive Taxi zur Verwahrstelle, Bußgeld und Schleppkosten dann gut und gerne 300 Mark kosten kann). Wer schlau ist und was sehen will, benutze die Straßenbahn (Tram). Die schnellste Möglichkeit, über Tage vorwärts zu kommen, weil sich die Tram ihre eigene grüne Welle schalten kann.

Dialekt reden

Lernen Sie nicht Bayerisch. Es klingt fürchterlich und ist kompliziert. Wenn ein Nichtbayer »pfiadi« sagt, was »behüte Dich« heißt, klingt das wie »bfiathy«; statt »aufi« (hinauf) sagt er »naufi« und statt »eini« (hinein) »neini«, was eher wie »neine« klingt – und »neun« heißt.

U-Bahn-Wache

Nach schlechten Erfahrungen mit einer privaten Wachgesellschaft, den »Schwarzen Sheriffs«, hat die Stadt seit 1989 eine eigene U-Bahn-Wachmannschaft aufgestellt, die – unbewaffnet und trainiert auf Freundlichkeit – mit Unterstützung von Streifenpolizisten für Ordnung im MVV-Bereich sorgt und auch hilft, die Personalien aufzunehmen, wenn die Kontrolleure einen Schwarzfahrer erwischt haben.

Über München schimpfen

Sagen Sie dem Münchner nicht, dass es in Hamburg, Berlin, Paris, New York oder wo auch immer schöner, bequemer, lustiger sei als in München. Dies ist garantiert die falsche Art, Freunde zu suchen. Merke: Ein Münchner darf über München lästern, so viel er will, ein Tourist hat die Stadt gefälligst zu bewundern.

Mit der Polizei streiten

Streiten Sie nicht mit Polizisten. Münchens »Schandis« gelten allgemein als sehr verträglich und – auch bei Verdacht auf (nicht allzu viel) Alkohol am Steuer – als nachsichtig. Wer den richtigen Ton findet, findet oft auch Gnade vor dem Auge des Gesetzes. Wer dem Wachtmeister allerdings klarzumachen versucht, dass die Ampel nie und nimmer auf Rot gestanden habe, ist meist den Führerschein los, bevor er überhaupt zu Ende geredet hat.

Samstagabends nach Schwabing

Schwabing rund um den Wedekindplatz ist vor allem am Samstagabend voller vergnügungssüchtiger Menschen aus dem Umland. Das Bier schmeckt oft schal und ist teuer. Hier kommt auch die sogenannte »Preißn-Halbe« zum Ausschank. Eine »Halbe« ist normalerweise ein halber Liter Bier. Dank der Einflussnahme der deutschen Restbevölkerung auf das Münchner Leben wurde vor Jahren das 0,33-Liter-Glas eingeführt. Für Münchner ein Sakrileg! Nur wer einen ortskundigen Freund hat, kann hier die Schmankerl, die es auch in dieser Touristengegend gibt, noch entdecken.

Trachten tragen

Tragen Sie besser kein Dirndl respektive keinen Trachtenanzug. Wenn es aber sein muss, dann in dezenter Aufmachung. Menschen, die durch München mit Lederhosen, mit Haferlschuh'n und Wadlstrümpfen streifen, werden sofort als Nichtmünchner entlarvt und ob der Anpassungssucht dem Spott anheimgegeben.

»Echt« Volkstümliches suchen

Wenn Sie nicht gerade vom Volkstümeleiteufel besessen sind, meiden Sie angeblich urige Plätze wie das Hofbräuhaus oder »Die Schwarze Katz'« (Münchens bajuwarischstes Striplokal). Wenn Sie bayerische Volksmusik hören wollen, fragen Sie im *Musikhaus Knobloch (Burgstraße 7, Tel. 219 96 60)* nach dementsprechenden Konzerten.

Cityatlas München

Die Seiteneinteilung für den Cityatlas finden Sie auf dem hinteren Umschlag dieses Reiseführers

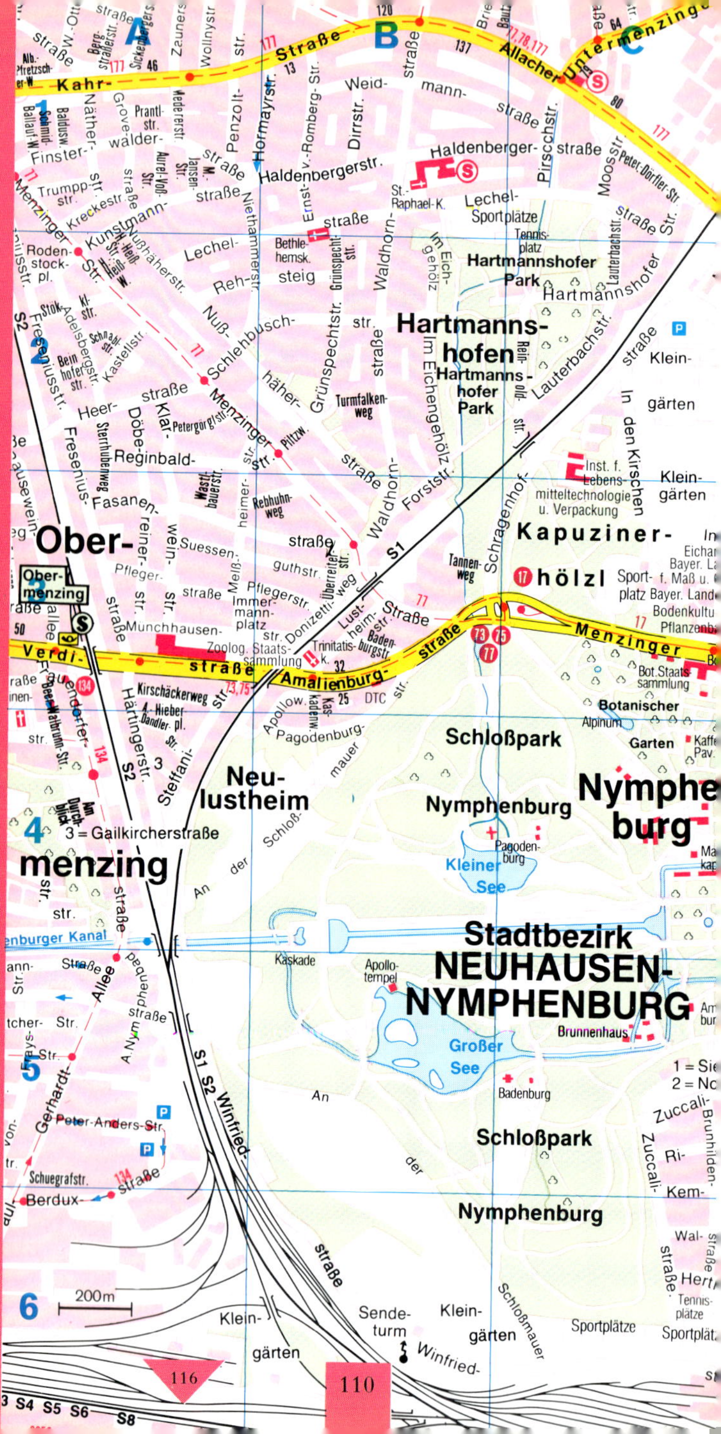
A
B
C
1
2
3
4
5
6
Kahr-
Straße
Allacher
Untermenzinger
Haldenbergerstr.
Haldenberger- straße
Weidmannstraße
Hormayrstr.
Penzoltstr.
Dirrstr.
Ernst-v.-Romberg-Str.
Finsterwalder-
Grovestraße
Prantlstr.
Kreckestr.
Trumpp-str.
Menzinger Str.
Rodenstock-pl.
Kunstmannstraße
Nußhäherstr.
Lechel-
Reh-
Bethlehemsk.
steig
Niethammerstr.
Grünspechtstr.
Waldhornstraße
St.-Raphael-K.
Lechel-Sportplätze
Tennisplatz
Hartmannshofer Park
Hartmannshofer
Hartmannshofen
Hartmannshofer Park
Im Eichengehölz
Lauterbachstr.
Moosstr.
Peter-Dörfler-Str.
Pirschstr.
Schlehbuschstraße
Nußhäherstraße
Turmfalkenweg
Klein-gärten
In den Kirschen
Inst. f. Lebensmitteltechnologie u. Verpackung
Kapuzinerhölzl
Forststr.
Schragenhofstr.
Tannenweg
S1
S2
Fresenius-str.
Adelsbergstr.
Heerstraße
Klarstr.
Petergörglstr.
Döbereinerstr.
Reginbald-
Fasanen-
Sterntalerweg
Wastlbauerstr.
Rebhuhnweg
Pitzw.
Menzinger Str.
Ober-
menzing
Ober-menzing
Suessenguthstr.
Pfleger-straße
Pflegerstr.
Immermannplatz
Donizettistr.
Lustheimstr.
Überreiterstr.
Badenburgstr.
Münchhausen-
Zoolog. Staatssammlung
Trinitatis-k.
Verdistraße
Amalienburgstraße
Menzinger Straße
Sport-platz Bayer. Landes...
Bot. Staatssammlung
Botanischer Garten
Alpinum
Kirschäckerweg
A.-Hieber-pl.
Dandler-
Steffanistr.
Härtingerstr.
Pagodenburg-
Apollostr.
Kaskadenw.
DTC
Schloßpark
Neulustheim
Nymphenburg
Nymphenburg
Pagodenburg
Kleiner See
An der Schloßmauer
Stadtbezirk NEUHAUSEN-NYMPHENBURG
Kaskade
Apollotempel
Großer See
Badenburg
Brunnenhaus
Schloßpark
Nymphenburg
3 = Gailkircherstraße
Gerhardt-Allee
Peter-Anders-Str.
Schuegrafstr.
Berdux-straße
Winfriedstraße
Sendeturm
Kleingärten
Schloßmauer
Sportplätze
Tennisplätze
Zuccali-
200m
S3 S4 S5 S6 S8

116

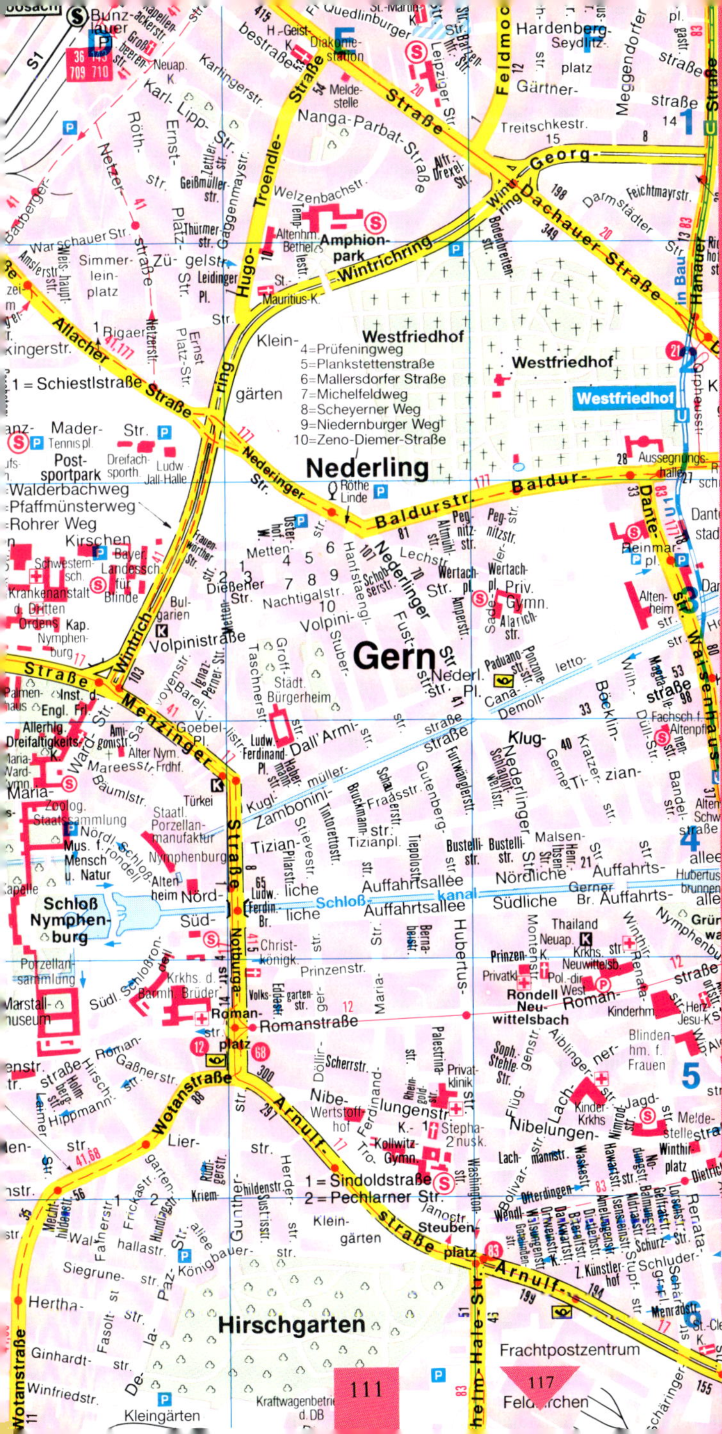

Westfriedhof
Nederling
Gern
Hirschgarten
Schloß Nymphenburg
Amphion-park
Dachauer Straße
Georg-
Baldurstr.
Baldur-
Allacher Straße
Menzinger Straße
Wintrichring
Hugo-Troendle-Straße
Nederlinger Str.
Notburgastraße
Wotanstraße
Arnulfstraße
Romanstraße
Romanplatz
Steubenplatz
Frachtpostzentrum
Kleingärten
Klein-gärten
Nanga-Parbat-Straße
Welzenbachstr.
Leipziger Str.
Quedlinburger
Hardenberg-
Gärtner-
Treitschkestr.
Hanauer Straße
Darmstädter Str.
Feichtmayrstr.
1 = Schiestlstraße
4=Prüfeningweg
5=Plankstettenstraße
6=Mallersdorfer Straße
7=Michelfeldweg
8=Scheyerner Weg
9=Niedernburger Weg
10=Zeno-Diemer-Straße
Röthe Linde
Post-sportpark
Mader-
Walderbachweg
Pfaffmünsterweg
Rohrer Weg
Krankenanstalt d. Dritten Ordens
Volpinistraße
Dießener Str.
Nachtigalstr.
Städt. Bürgerheim
Dall'Armi-
Zamboninistr.
Tizianstr.
Auffahrtsallee
Nördliche Auffahrtsallee
Südliche Auffahrtsallee
Schloßkanal
Prinzenstr.
Rondell Neuwittelsbach
Nibelungenstr.
Hubertusstr.
Porzellan-sammlung
Marstall-museum
Staatl. Porzellan-manufaktur Nymphenburg
Gaßnerstr.
Hippmannstr.
Siegrunestr.
Hertha-
Ginhardtstr.
Winfriedstr.
Königbauerstr.
1 = Sindoldstraße
2 = Pechlarner Str.
Kraftwagenbetrieb d. DB
Westfriedhof
Dante-stad
Waisenhausstraße
111
117

Olympiastadion
Sportzentrum der TU
Zentrale Hochschulsportanlage
Sporthallen
Georg-Brauchle-Ring
Gneisenaustraße
Gärtnerstraße
Kongreßh. Zeugen Jehovas
Tennispl.
Mittlerer Ring
Sapporobogen
Wern.-Seelenbinder-Weg
Olympia
Olympiastadion
Werner-v.-Linde-Halle
Coubertin
Spiridon-Louis-Ring
13 = W.-Friedmann-Bogen
14 = Hünefeldstraße
15 = Konrad-Weiss-Weg
Feichtmayrstr.
Darmstädter Str.
Dachauer Straße
Hanauer Straße
Richthofenstr. in Bau
Kleingärten
Städt. Gaswerk
Borstei
Westfriedhof
Orpheusstr.
Aussegnungshalle
Lampadiusstr.
Hengelerstr.
Voitstr.
Bernh.-Borst-Str.
Löfftzstr.
Pickelstr.
Sapporobogen
Landshuter Allee
Tennisplätze
Sportplatz
Gesundh.-park
Olympic Spirit
Toni-Merkens-W.
W.-Dörpfeld-W.
Spiridon-Ufer
Gebhardt-
Montessorisch.
Rollschuhbahn
Dantestadion
Homerstr.
Dietrichstr.
W.-Flex-Str.
Siegenotpl.
Postillonstr.
Reinmarpl.
Dantepark
Dantebad
Dantestr.
Altenheim
1 = Kindermannstr.
2 = Johann-Schmaus-Str.
St. Laurentius-K.
Hohenlohestr.
Bundeswehrverwaltungszentrum
Sportpl.
Kreiswehrersatzamt
Hedw.-Dransfeld-Allee
Helene-Lange-Weg
Tierklinik
Bayersdorferstr.
Merzbacherstr.
Nürnberger Str.
Taxisstr.
Klugstraße
Altenpflegeheim Marienstift
Nürnberger Platz
Erholungspark
Freizeithm.
Bayer. Landeskriminalamt
Goethe-Inst.
Waisenhausstraße
Böcklinstr.
Wilh.-Düll-Str.
Fachsch. f. Altenpfl.
Tizianstr.
Gern
Simeonistr.
Hanebergstr.
Ebenauer Str.
Ebenau
Sportpl.
Helene-Weber-Allee
Gertrud-Bäumer-Str.
Anita-Augspurg-Allee
Rosa-Luxemburg-Pl.
Altenwohnhm. Schwesternhm.
Altenhm. Hlg. Geist
Dall'Armi-Hm.
Braganzastr.
Christusk.
Dom-Pedro-Str.
Dom-Pedro-Pl.
Heideckstr.
Minerviusstr.
Meriandstr.
Leonrodplatz
Leonrodstr.
Auffahrtsallee
Hubertusbrunnen
St.-Galler-Str.
Städt. Waisenhs.
Orffstr.
Frundsbergstr.
St.-Theresia-Karmeliterkloster
Dom-Pedro-Straße
Hübnerstr.
Artilleriestr.
Fasaneriestr.
Bayr. Hpt.-staatsarchiv
Fachsch. f. Datenverarb.
Thailand
Neuwittelsb.
Pol.-dir. West
Romanstr.
Kinderhm.
Grünwaldpark
Nymphenburger Str.
Ruffinistr.
Herz-Jesu-K.
Blindenhm. f. Frauen
Aldringenstr.
Friedhf.
Bothmerstr.
Volkartstraße
Inst. f. Zeitgeschichte
Hiblestr.
Pfänderstr.
Funkerstr.
Neuhausen
Kinder-Krkhs.
DRK-Krkhs.
Ysenburgstr.
Panama
Pl. der Freiheit
Sportplatz
Schachenmeierstr.
Kapschstr.
A.-Weber-Gymn. u. Abendrealsch.
Rupprecht-gymn.
Rotkreuzplatz
Rotkreuzpl.
Donnersbergerstr.
Nymphenburger Straße
Horemansstr.
Hedwigstr.
Alfonsstr.
Sozialamt Nord 2
Lazarettstr.
Thorwaldsenstr.
Krkn.-pflegesch.
Dachauer Straße
Winthirplatz
Dietrichstr.
Andréestr.
Renatastr.
Schulstr.
Blutenburgstr.
Roncalli Kolleg
Blutenburg-Theater
Inn. Mission
Elvirastr.
Maillingerstr.
Rupprechtstr.
Bosnien-Herzegowina
Landeskriminala.
Fachakad. f. Augenop.
Mars-Akademie
Schlörstr.
Sedlstr.
Hirschbergstr.
Posseltpl.
Wilderich-Str.
Therese-Danner-Platz
St.-Vincenz-K.
Klarastr.
Menradstr.
St.-Clemens-K.
Z. Künstlerhof
200 m
118
112

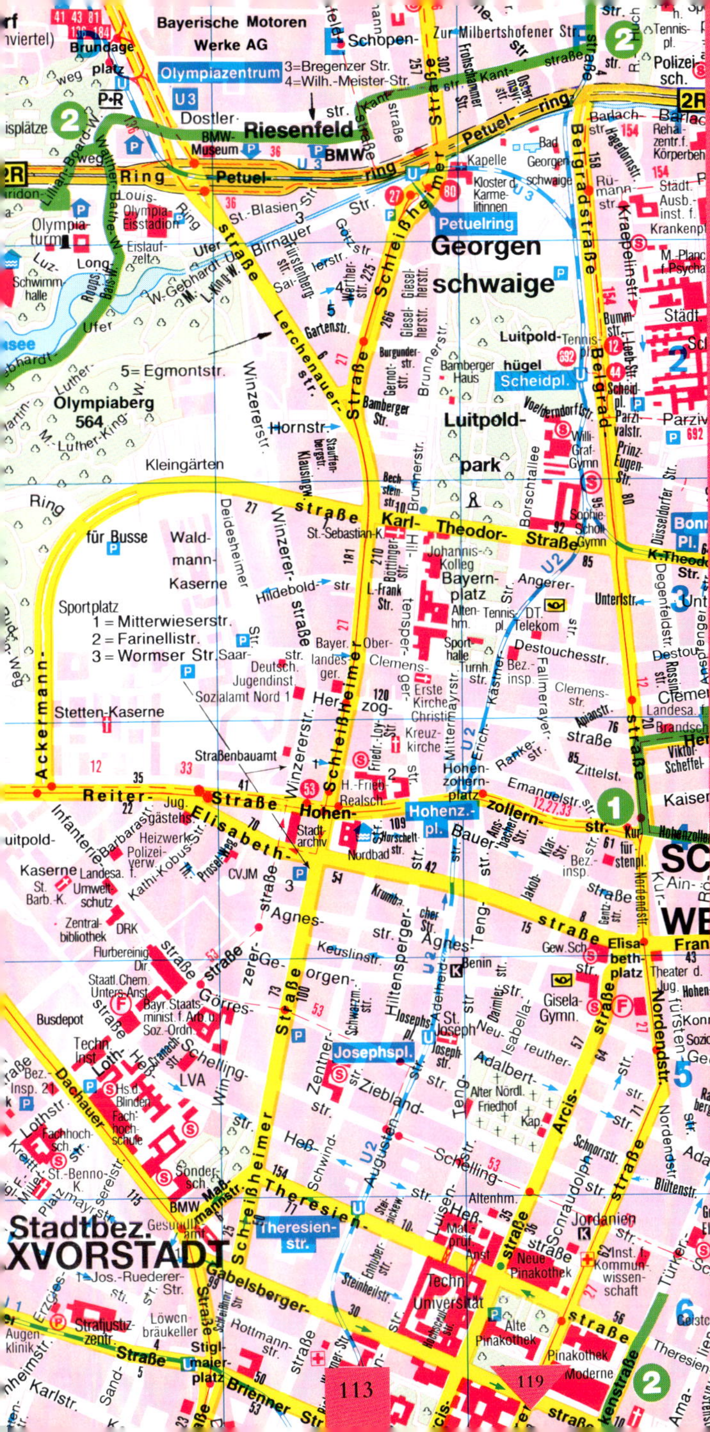
Bayerische Motoren Werke AG
Olympiazentrum
U3
3=Bregenzer Str.
4=Wilh.-Meister-Str.
Zur Milbertshofener Str.
Schopen-
Riesenfeld
BMW-Museum
BMW
Petuel-ring
Ring
Petuel-
Olympiaturm
Olympia-Eisstadion
Eislaufzelt
Luz-Long-Ufer
Schwimmhalle
St.-Blasien-Str.
Birnauer Str.
W.-Gebhardt-Ufer
M.-L.-King-W.
Lerchenauer-str.
Schleißheimer Straße
Petuelring
Georgenschwaige
Kapelle
Kloster d. Karmelitinnen
Bad Georgenschwaige
Belgradstraße
Kraepelinstr.
Barlach-str.
Hagedornstr.
Städt. Ausb.-inst. f. Krankenpfl.
M.-Planck-I. f. Psychiatr.
Gartenstr.
Bamberger Str.
Burgunder-str.
Gernot-str.
Brunnerstr.
Bamberger Haus
Luitpold-hügel
Scheidpl.
Luitpoldpark
Voelderndorffstr.
Willi-Graf-Gymn.
Prinz-Eugen-Str.
Olympiaberg 564
5=Egmontstr.
Winzererstr.
Hornstr.
Kleingärten
M.-Luther-King-W.
Ring für Busse
Waldmann-Kaserne
Sportplatz
1=Mitterwieserstr.
2=Farinellistr.
3=Wormser Str.
Karl-Theodor-Straße
St.-Sebastian-K.
Johannis-Kolleg
Bayernplatz
Sophie-Scholl-Gymn.
Düsseldorfer Str.
Bonner Pl.
Angerer-str.
Unterstr.
DT. Telekom
Destouchesstr.
Clemens-str.
Deutsch. Jugendinst.
Sozialamt Nord 1
Herzogstr.
Erste Kirche Christi
Kreuzkirche
Ackermannstr.
Stetten-Kaserne
Straßenbauamt
Reiter-Straße
H.-Frieb-Realsch.
Hohenzollernplatz
Hohenz.-pl.
Hohenzollernstr.
Emanuelstr.
Zittelstr.
Viktor-Scheffel-Str.
Elisabethstraße
Stadtarchiv
Nordbad
Bauerstr.
Kurfürstenpl.
Infanteriestr.
Barbarastr.
Heizwerk
Polizei-verw.
Landesa. f. Umweltschutz
Kathi-Kobus-Str.
CVJM
Zentralbibliothek
DRK
Agnes-str.
Keuslinstr.
Georgenstr.
Benin
Gisela-Gymn.
Elisabethplatz
Theater d. Jug.
Nordendstr.
Flurbereinig. Dir.
Staatl. Chem. Unters.-Anst.
Bayr. Staatsminist. f. Arb. u. Soz.-Ordn.
Busdepot
Techn. Inst.
Görresstr.
Schellingstr.
LVA
Josephspl.
St. Joseph
Zieblandstr.
Adalbertstr.
Alter Nördl. Friedhof
Arcisstr.
Schnorrstr.
Dachauer Str.
Hs.d. Blinden
Fachhochschule
St.-Benno-K.
Sondersch.
Theresienstr.
Stadtbez. MAXVORSTADT
Jos.-Ruederer-Str.
Löwenbräukeller
Stiglmaierplatz
Gabelsberger-str.
Techn. Universität
Neue Pinakothek
Alte Pinakothek
Pinakothek Moderne
Inst. f. Kommunwissenschaft
Jordanien
Augustenstr.
Steinheilstr.
Karlstr.
Brienner Str.
Straf-justizzentr.
Augenklinik
113
119

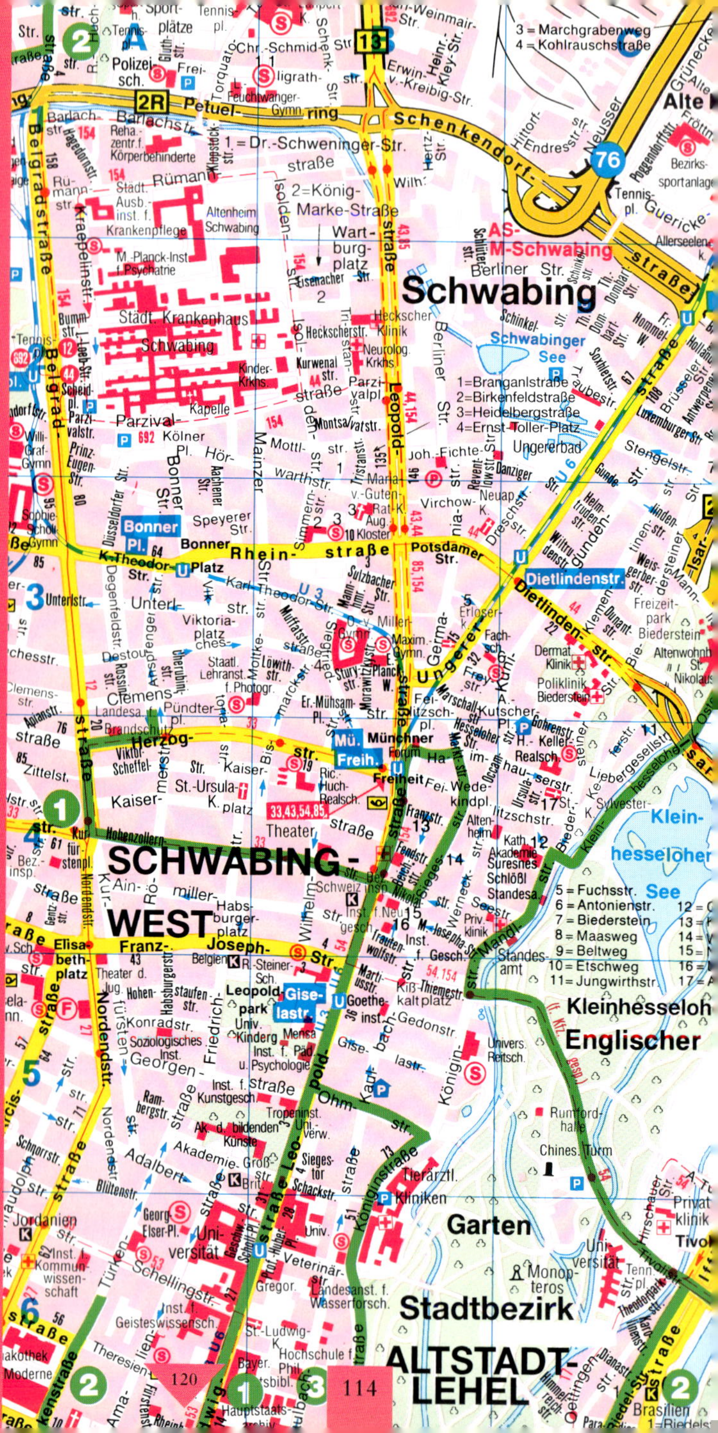

Schwabing
SCHWABING-
WEST
ALTSTADT-
LEHEL
Stadtbezirk
Englischer
Garten
Kleinhesseloh
Kleinhesseloher
See
Schwabinger
See
Petuelring
Schenkendorfstraße
Belgradstraße
Leopoldstraße
Rheinstraße
Potsdamer Str.
Dietlindenstr.
Ungererstraße
Herzogstraße
Hohenzollernstraße
Kurfürstenpl.
Nordendstr.
Franz-Joseph-Str.
Elisabethplatz
Leopoldpark
Giselastr.
Münchner Freiheit
Bonner Pl.
K.-Theodor-Platz
Städt. Krankenhaus Schwabing
Kinder-Krkhs.
Kapelle
Parzivalstr.
Kölner Pl.
Bonner Str.
Mainzer Str.
Wartburgplatz
Berliner Str.
Ungererbad
Akademiestr.
Akademie d. bildenden Künste
Adalbertstr.
Schellingstr.
Universität
Siegestor
Ludwigstr.
Veterinärstr.
Königinstraße
Tierärztl. Kliniken
Chines. Turm
Rumfordhalle
Monopteros
Bezirkssportanlage
AS-M-Schwabing
1 = Dr.-Schweninger-Str.
2 = König-Marke-Straße
1 = Branganistraße
2 = Birkenfeldstraße
3 = Heidelbergstraße
4 = Ernst-Toller-Platz
3 = Marchgrabenweg
4 = Kohlrauschstraße
5 = Fuchsstr.
6 = Antonienstr.
7 = Biederstein
8 = Maasweg
9 = Beltweg
10 = Etschweg
11 = Jungwirthstr.
2R
13
76
120
114

E
F
200 m
1 = Karl-Beck-Weg
2 = Westfalenstraße
Zur Milberts-hofener Str.
Schlode-rerpl.
Crailsheimstraße
Alte Heide
11
Rohmeder-str.
Hölzerner Steg
Englischer
Hirschau
Garten
Oberstjägermeisterbach
Mittlerer Isarkanal
Isar
Nord-
friedhof
Niebuhrstraße
Osterwald-straße
Osterwaldstraße
Sport-platz
Tennis-plätze
Schwabinger B.
Schwabinger Bach
Niebuhr-straße
Nord-seestr.
Peter-P.
K.-Althaus-Str.
Arnold-Weg
Sportplatz
Tennis-plätze
E.-Penzoldt-Weg
E.-Penzoldt-Steg
Hirschau
Milch-häusl
1 = Kurzmannweg
2 = J.-Wassermann-W.
3 = Dingelstedtweg
Klein-gärten
Isarwehr
Mittl. Isarkanal
Mittlere-Isar-Str.
Haimonstr.
Emmeram-St.
R.-Dedler-W.
Muspilli-str.
St. Lorenz-K.
A.-d. Schanze
Gehörlosen-zentr.
Oberföhring
Oberföhringer Str.
An der
M.-Halbe-W.
Mauerkircher-
Rümelinstr.
Grün-Fontane-str.
Michl-Ehbauer-W.
Brunnbachleite
Chamisso-str.
Bürger-straße
Isolde-Kurz-Str.
Bonselsstr.
Pienzenauer-
Mauerkircher-
Fleming-str.
Stifter-str.
Lohen-grin-str.
Lohengrin-pl.
Bayreuther Str.
Effner-
ederstein
Schweden-str.
Heinrich-Mann-Allee
Gellert-str.
Haushoferstr.
Opitz-straße
Andersen-W.
Wann-fried-
Kön.-Heinr.-Str.
Gurne-manzstr.
Elsa-str.
Kleingärten
Tennis-plätze
Hirschau
Eisbach
Gyßling-
Herzogpark
Philippinen
Dehmelstr.
Titurelstr.
Gust.-Freytag-Str.
Adalbert-Stifter-Str.
Abaco-str.
Spanien
Odin-straße
Kap.
Stadt. Alten-heim
Priel
Steubstr.
Felix-
Reuchlinstr.
Frithjofstr.
Isar
Isarring
John-F.-Kennedy-Br.
Mauerkircher-
Dahn-Str.
Fleming-
Tennis-pl.
Brunn-
Mahir-
Rud.-lieb-
Effner-
Nor-
straße
Muspel-heim-str.
Goten-str.
Teutonenstr.
Krankenhs. Bogenhausen
Vandalen-str.
Normannen-platz
Arabellapark
Paul-Neu-Weg
1 = Paul-Neu-Weg
2 = Simmsteig
3 = Gustl-Waldau-Steig
4 = Menzelstr.
Iran
Herzog-Albrecht-Anl.
Redwitz-str.
Gumppen-bergstr.
Vilshofener Str.
Grosjean-str.
Englschalkinger
Effner-platz
Bayer. Staatsminist. f. Landesentw. u. Umweltfragen
U4
Rosenkavalierpl.
Elektra-str.
Ukraine
Mann-
Poschinger-str.
Schönbg.-str.
Oberföhringer
Hornstein-
Jensen-
Salomeweg
Hypo-Hoch-hs.
Arabella-
Arabellahaus
Klinik
Arabella-park
Herkomer-platz
Bülowstr.
Pienzen-
Kircher-
Kolberger-
Kufsteiner Pl.
Herzog-parkstr.
Bundes-finanz-hof
Gebele-
Berufs-sch.
Niedermayer-
Amberger-str.
Denninger
Richard-Strauss-Str.
Fachsch.
St.-Rita-K.
Daphnestr.
Montgelasstraße
Straße
Osterr.
Hl. Blut-K.
Wehrle-
Dreieinig-keitsk.
Prinzregentenpl.
Möhl-
Weberstr.
Händelstr.
Merzstr.
Priv.-klinik
Soldner-W.
Newton-
Donau-
Pnv.-klinik
Widderstr.
Denninger
Anger
Siemens
Tennis-plätze
St.-Georg-K.
Laplace-
Neuap.-K.
115
121

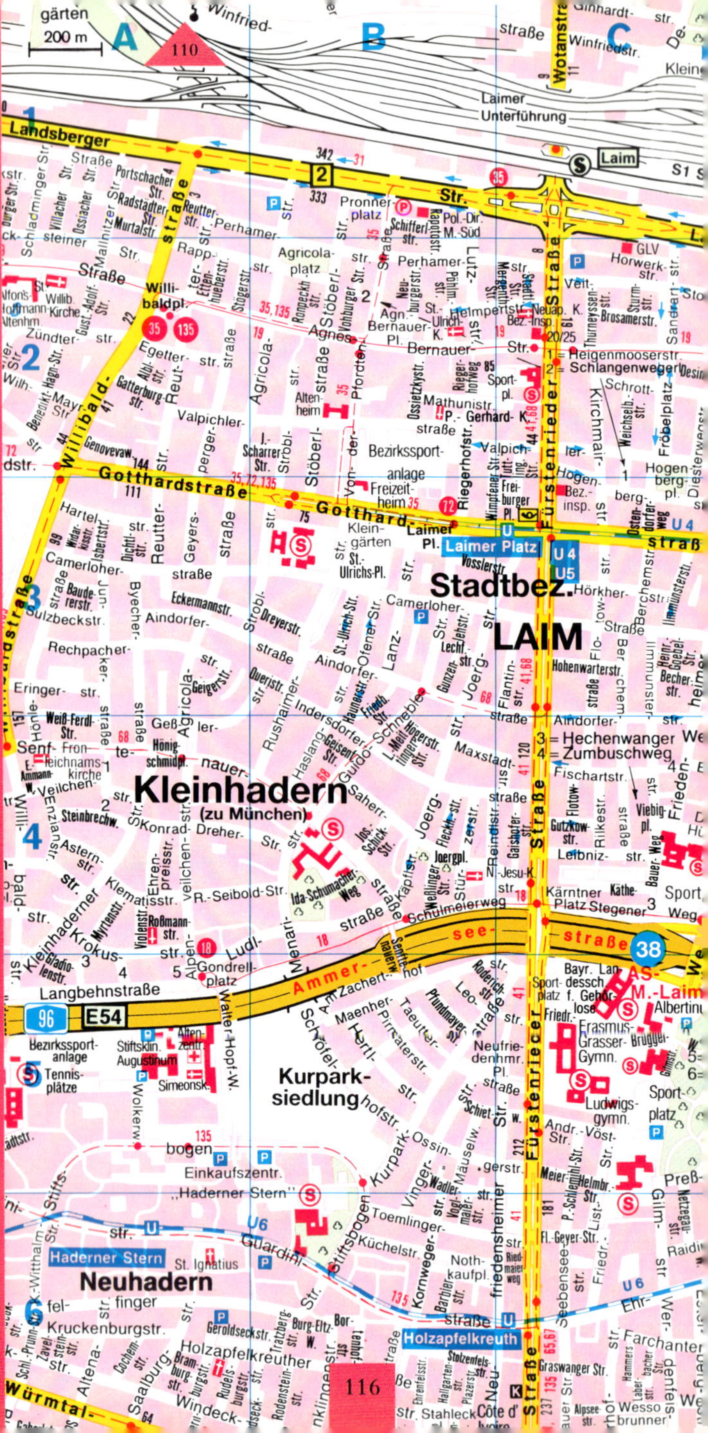

200 m
A
B
C
110
116
1
2
3
4
5
6
Landsberger Str.
Laimer Unterführung
Laim
S1
Winfried-straße
Wotanstr.
Fürstenrieder Straße
Gotthardstraße
Willibaldstraße
Laimer Platz
U4
U5
Stadtbez. LAIM
Kleinhadern (zu München)
Kurpark-siedlung
Neuhadern
Haderner Stern
U6
Holzapfelkreuth
Ammerseestraße
Langbehnstraße
96
E54
38
Bezirkssport-anlage
Tennis-plätze
Einkaufszentr. „Haderner Stern"
Stiftsklin. Augustinum
Ida-Schumacher-Weg
Pol.-Dir. M.-Süd
GLV
Agricolaplatz
Willibaldpl.
Bernauer Pl.
Pronnerplatz
Joergpl.
Fröbelplatz
Zündterstr.
Valpichlerstr.
Camerloherstraße
Aindorferstr.
Eckermannstr.
Rechpacherstr.
Senftenauerstr.
Konrad-Dreher-Str.
Guardinistr.
Stiftsbogen
Kurparkstr.
Würmtalstr.
Holzapfelkreuther Str.
Friedenheimer Str.
Ludwigsgymn.
Erasmus-Grasser-Gymn.
Sportplatz
St. Ignatius
Simeonsk.
Alten-heim
Bezirkssport-anlage
Freizeit-heim
Hechenwanger Weg
Zumbuschweg
Heigenmoosersstr.
Schlangenwegerl

111
117
122
D
E
F
Feldkirchen
Kraftwagenbetriebsw. d. DB
Richel-
Sozialgericht
Versorgungsamt
DBAG Direktion München
Friedenheimer Brücke
Wilhelm-Hale-Str.
Donnersberger-brücke
1 = Met
2 = Kell
3 = Saf
S5 S6 S8
DB Betriebswerk (ICE)
Hauptzollamt
Landsberger Straße
1 = Schaderböckstraße
Stadtbez.
SCHWANTHALERHÖHE
Westend
Schäufeleinstr.
1 = Gottfr.-Koelwel-W.
Bernauer-Straße
Zu d. Hlg. Zwölf-Apostel-K.
Ludwig-Richter-Str.
Wohncenter West
Westendstraße
Ridlerstraße
Gollierstraße
Kazmairstraße
Trappentreustr.
Trappentreutunnel
Westendstr.
Zschokkestraße
Fürstenrieder Str.
Straßenbahnhf.
Kiem-Pauli-W.
2 = Burgkmairstr.
3 = Weißenfelderstr.
Friedenheim
Hansastr.
U4, U5
Berufsbildungsst. für d. Baugewerbe
Tübinger Str.
Heimeranplatz
ADAC
Carl-v.-Linde-Realsch.
Senegal
Sporthalle
Sportplätze
Tennisplätze
Kleingärten Land in Sonne
Kleingärten
Hansapark
Leonhard-Moll-Bogen
Garmischer Straße
Siegenburger Str.
Grünentenstraße
Säulingstr.
Rudi-Sedlmayer-Sporthalle
Bezirkssportanlage
Stadtbez.
SENDLING-WESTPARK
Am Westpark
39
Alfred-Ludwig-Weg
Thai Sala (Pagode)
AS-M.-Sendling
Westpark (Ost)
2R
Untersendling
Heiterwanger Str.
Fernpaßstr.
Krüner Str.
Ohlstadter Str.
Westpark
Treffauerstr.
St. Stephan Pfarrzentr.
Partnachplatz
Roßhaupterstraße
Harras
Priv. Handelsschule
Spastiker-Zentrum
Altenheim St. Joseph
1 = Kohlgruber Str.
1 = Ötschmannweg
2 = Partenhauserweg
Albert-Roßhaupter-Str.
Hansastraße
Implerstr.

112
C
Arnulfstr.
Marsstraße
Finanzämter II-V
Deroystr.
Arnulfstraße
Wittelsbacher Gymn.
Zirkus-Krone
Mars-
Karlstr.
Pappenheimstr.
Spaten-bräu
Bayr. Rundfunk
Augustiner-keller
Fundbüro
Dir. Postdienst u. Telekom.
DB Zentral-amt
Donnersbergerbrücke
1 = Mettinghstr.
2 = Kelheimer Str.
3 = Safferlingstr.
Donnersbergerbr.
S1,S2,S3,S4,S5,S6,S7,S8
S27
55
Hackerbrücke
Eilgutbf.
Holzkirchn. Bf.
Landsberger Straße
Bayer-
Umweltschutz-referat Stadt
Gewerbea.
Gewerksch. Hs.
HÖHE
West-
end
Schwanthaler-
Trappentreu-tunnel
Westend-
Heimeranstr.
Schwanthalerhöhe
Theresienwiese
Bavaria-
Kazmair-
Ligsalz-
Georg-Freundorfer-Pl.
Heimeranplatz
ADAC
Carl-v.-Linde-Realsch.
Ganghoferstr.
Theresien-
höhe
Theresien-
wiese
Betriebs-strecke
Matthias-Pschorr-Str.
Esperanto-pl.
Ruhmes-halle
Stadtbez.
LUDWIGSVORSTADT-
ISARVORSTADT
Kaiser-Ludw.-Pl.
Pakistan
Zahn-klinik
Realschule
Priv.-klinik
Poccistr.
Lindwurm-
Hansastraße
Westpark
Baumgartnerstr.
Ernst-Pl.
Herz.-Radlkofer-Str.
H.-Fischer-Str.
Bavariaring
Tennis-pl.
MVV-Verw.
Sport-platz
Berufs-bildungs-zentr.
Kreis-verwalt.-referat
Fundbüro
Ber.-zentr. d. Stadtwerke
Güterbf. MÜ-Süd
Lindwurmstraße
Schmied-Kochel-Str.
Sendl. Kirchpl.
Alte St.-Margaret-K.
Margareten-pl.
Implerstr.
Großmarkthalle
Linde AG Kühlhs. Süd
Großmarkt
Kontohäuser
Viehhof
Zenetti-platz
St.-Korbinian-Kirche
Thalkirchner Straße
Valley-str.
Implerpl.
Südbad
Harras
Am Harras
Sozial-amt Süd
Aussegn.-halle Sendlinger
Andechser Str.
Wackersberger Str.
Dante-Gymn.
Stadtbez.
Sendling
Kraftwerk Süd
Nestroystr.
122
118

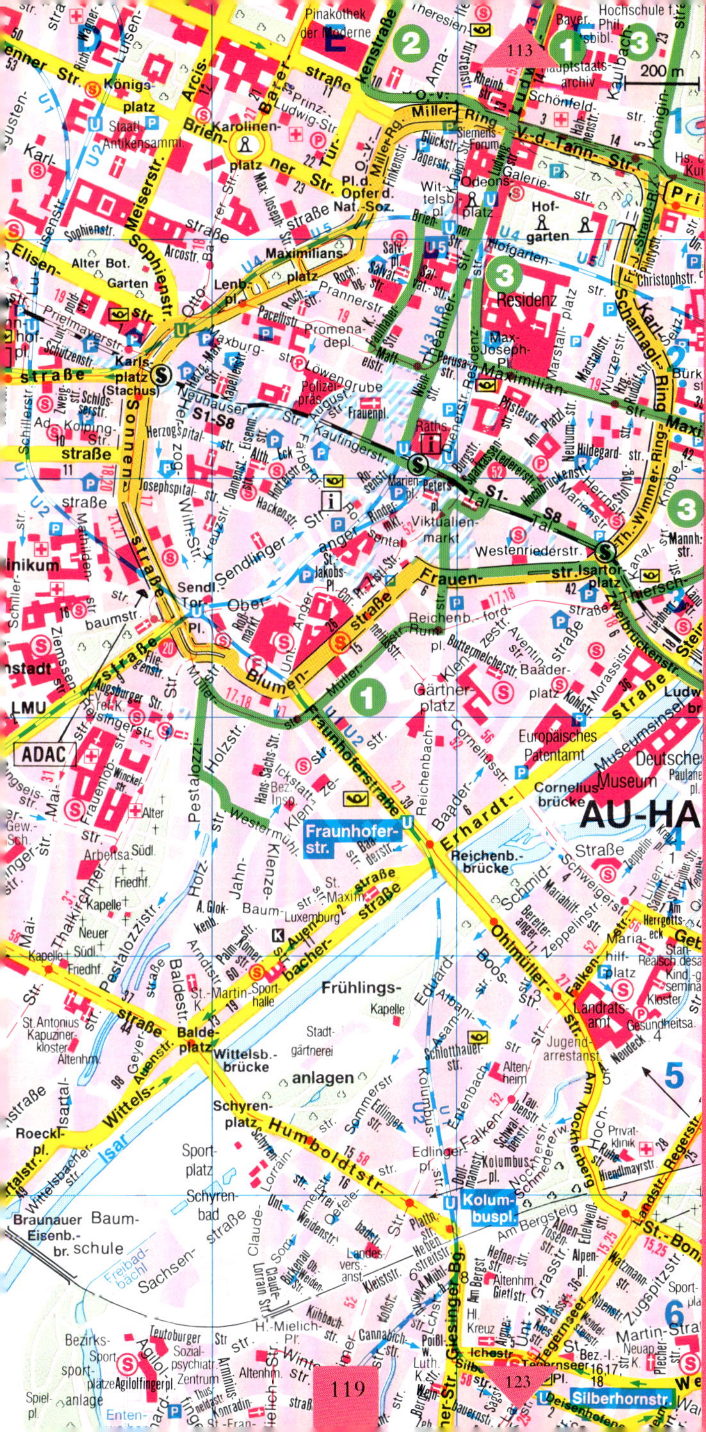
113
119
123
200 m
Pinakothek der Moderne
Königsplatz
Staatl. Antikensammi.
Karolinenplatz
Brienner Str.
Barer Straße
Arcisstr.
Meiserstr.
Sophienstr.
Alter Bot. Garten
Elisenstr.
Maximiliansplatz
Lenbachpl.
Karlsplatz (Stachus)
Sonnenstraße
Neuhauser Str.
Kaufingerstr.
Marienpl.
Viktualienmarkt
Sendlinger Tor Pl.
Sendlinger Str.
Frauenstraße
Blumenstr.
Müllerstr.
Fraunhoferstraße
Fraunhoferstr.
Reichenbachstr.
Reichenb.-brücke
Gärtnerplatz
Europäisches Patentamt
Corneliusbrücke
Deutsches Museum
Museumsinsel
AU-HA
Erhardtstr.
Isartorplatz
Westenriederstr.
Residenz
Hofgarten
Max-Joseph-Pl.
Maximilianstr.
Odeonsplatz
Theatinerstr.
Ludwigstr.
Von-der-Tann-Str.
Oskar-von-Miller-Ring
Karl-Scharnagl-Ring
Thomas-Wimmer-Ring
Zweibrückenstr.
Baaderstr.
Lindwurmstr.
Goethestr.
Nußbaumstr.
Klinikum
LMU
ADAC
Pestalozzistr.
Holzstr.
Alter Südl. Friedhf.
Neuer Südl. Friedhf.
Thalkirchner Str.
Auenstraße
Baldeplatz
Wittelsbacherbrücke
Wittelsbacher Str.
Isar
Frühlingsanlagen
Ohlmüllerstr.
Schyrenplatz
Humboldtstr.
Kolumbuspl.
Kolumbusstr.
Nockherberg
Sportplatz
Schyrenbad
Braunauer Eisenb.-br.
Baumschule
Sachsenstraße
Tegernseer Landstr.
Silberhornstr.
Agilolfingerpl.
Landratsamt
Mariahilfplatz
Edlingerpl.
Regerstr.
Zugspitzstr.
Martin-Str.

ALTSTADT-LEHEL
Stadtbez.
AU-HAIDHAUSEN
Residenz
Hofgarten
Prinzregentenstr.
Maximilianstr.
Maximilianeum
Widenmayerstr.
Isar
Deutsches Museum
Europäisches Patentamt
Gärtnerplatz
Viktualienmarkt
Rosenheimer Pl.
Gasteig Kulturzentr.
Ostfriedhof
Ludwigsbrücke
Corneliusbrücke
Reichenb.-brücke
Luitpoldbr. (Prinzreg.-br.)
Friedensengel
Preysing-Keller
St.-Johannes-Kirche
Praterinsel
Landratsamt
Kolumbuspl.
Silberhorn
St.-Martins-Platz
Tassiloplatz
Siemens AG
1=Am Wageck
2=Wilhelm-Herbert-Weg
3=Am Feuerbächl
4=Joseph-Holzer-Weg
5=Zacherlweg
6=Kupferhammerstraße
7=Kistlerstraße
8=Oswald-Bumke-Weg
3 = Unt. Feldstr.
4 = Chorherrstr.
5 = Schiltberger
114
123

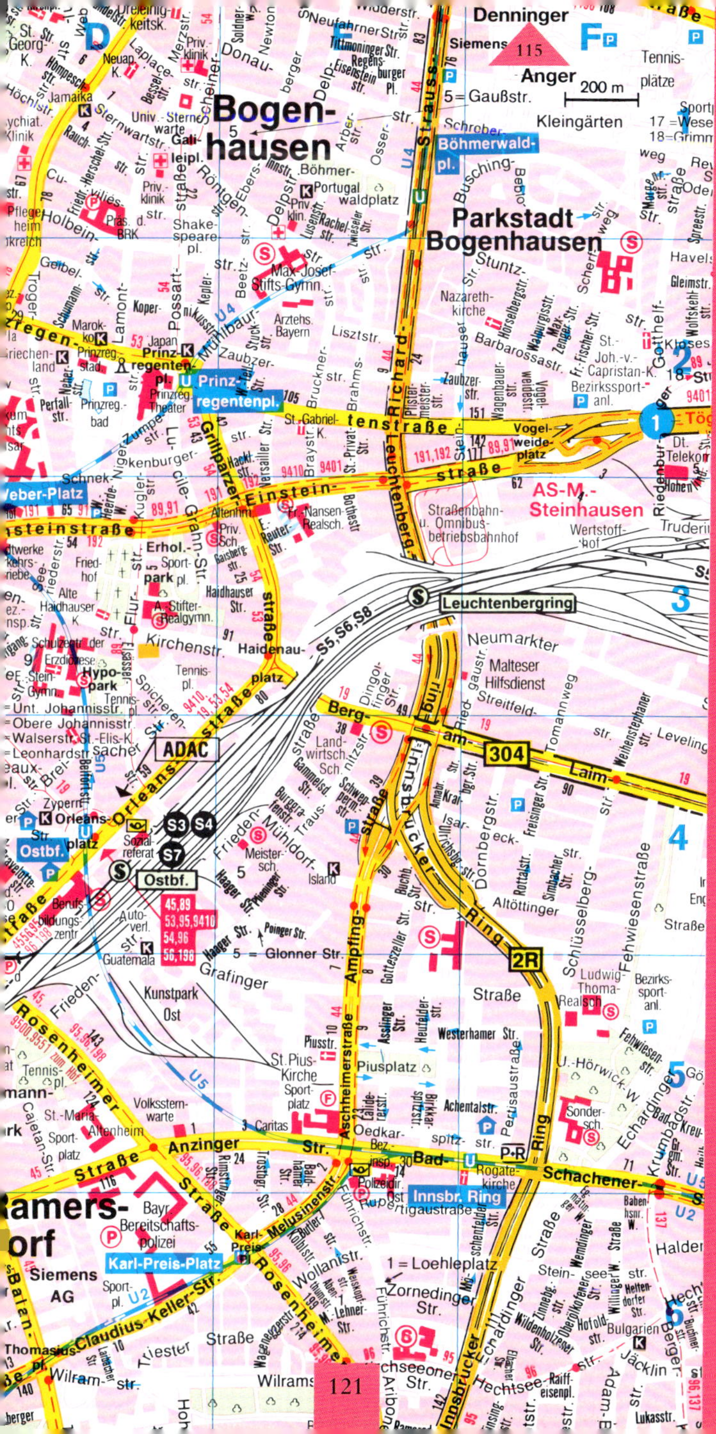

Denninger
115
Anger
200 m
Bogenhausen
Parkstadt Bogenhausen
Böhmerwaldpl.
Prinzregentenpl.
Prinzregenten-Theater
Prinzregentenstraße
Vogelweideplatz
Einsteinstraße
AS-M.-Steinhausen
Leuchtenbergring
Straßenbahn- u. Omnibusbetriebsbahnhof
Richard-Strauss-Str.
Leuchtenbergring
Haidenauplatz
S5, S6, S8
Berg-am-Laim-Str.
304
Malteser Hilfsdienst
Neumarkter Str.
Orleansstraße
Orleansplatz
ADAC
Ostbf.
S3 S4 S7
Mühldorfstr.
Kunstpark Ost
Grafinger Str.
Rosenheimer Straße
Anzinger Str.
Aschheimerstraße
Ampfingstraße
St. Pius-Kirche
Piusplatz
Innsbr. Ring
2R
Ring
Schachener Str.
Bad-Schachener Str.
Ramersdorf
Karl-Preis-Platz
Siemens AG
Bayr. Bereitschaftspolizei
Claudius-Keller-Str.
Wilramstr.
Hechtseestr.
Ludwig-Thoma-Realsch.
Fehwiesenstraße
Echardinger Str.
Innsbrucker Ring
121

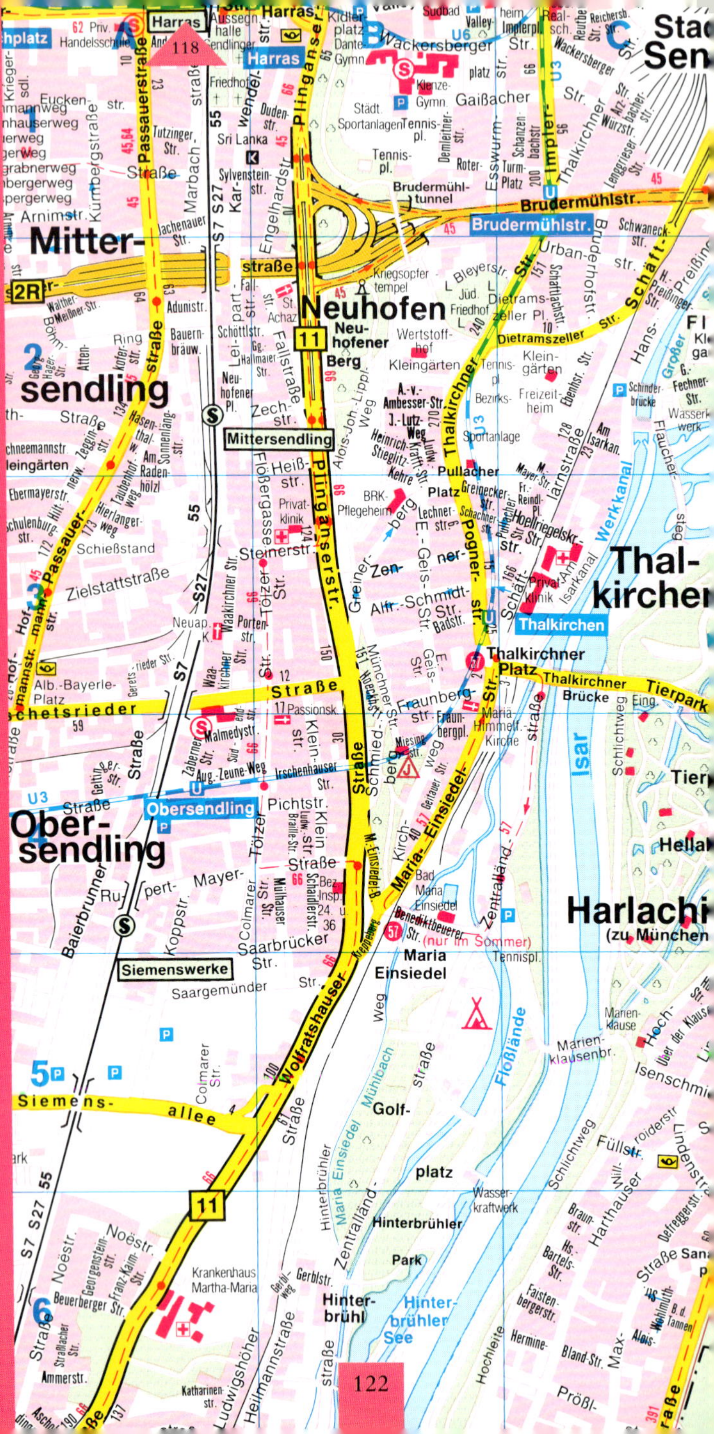
118
122
Harras
Mitter-
sendling
Neuhofen
Neuhofener Berg
Thal-
kirchen
Ober-
sendling
Harlachi
(zu München
Maria Einsiedel
Mittersendling
Obersendling
Siemenswerke
Brudermühlstr.
Thalkirchen
Passauerstraße
Plinganserstr.
Wolfratshauser Straße
Siemens-
allee
Zielstattstraße
Brudermühltunnel
Thalkirchner Platz
Thalkirchner Brücke
Tierpark
Isar
Werkkanal
Floßlände
Golf-
platz
Hinterbrühler Park
Hinter-
brühler
See
Hinter-
brühl
Krankenhaus
Martha-Maria
Fraunbergstr.
Pullacher Platz
Dietramszeller Str.
Schäftlarnstr.
Maria-Einsiedel-Str.
Bad Maria Einsiedel
Benediktbeurer Str. (nur im Sommer)
Zentralländ.
Städt. Sportanlagen
Kriegsopfertempel
Jüd. Friedhof
Sportanlage
BRK-Pflegeheim
Privatklinik
Schießstand
Wasserkraftwerk
Marienklausenbr.
Schlichtweg
Mühlbach
Isenschmi
Saarbrücker Str.
Saargemünder Str.
Heilmannstraße
Ludwigshöher
Noëstr.
Ammerstr.
Siemenswerke
Colmarer Str.
Tölzer Str.
Zielstattstraße
Baierbrunner
Koppstr.
Ruppert-Mayer-
Irschenhauser Str.
Pichtstr.
Steinerstr.
Heißstr.
Fallstraße
Engelhardstr.
Marbach-straße
Tutzinger Str.
Eucken-str.
Kürnbergstraße
Arnimstr.
2R
11
U3
U6
S7 S27
55
1
2
3
4
5
6
A
B
C

119
123
D
E
Untergiesing-Harlaching
Stadtbezirk
Siebenbrunn
Neuharlaching
Candidstraße
Candidpl.
Candidplatz
2R
Brudermühlbrücke
Grünwalder Straße
Tegernseer Landstraße
Naupliastraße
Karolingerallee
St.-Magnus-Str.
Tiroler Platz
Wettersteinplatz
St.-Quirin-Pl.
Mangfallplatz
Siebenbrunner Str.
Martin-Luther-Str.
Wirtstr.
Perlacher Str.
Kesselbergstr.
Agilolfingerpl.
Teutoburger Str.
Zentrum
Bezirkssportplatze
Sportanlage
Spielplatz
Spielanlagen
Entenweiher
Salierstr.
Fachschule f. Chemie
Stadt. Baumschule
Ukrain. Orthod. K. Maria Schutz
Orthopäd. Klinik Harlaching
Gewerbegebiet
Weißenseestr.
St. Helena
Tennispl.
Sportanlage
TSV 1860
Sportpl.
Sportanl. FC Bayern
Theodol. Gymn.
Hl. Familie
Altenheim
Albert-Einstein-Sport-Gymn.
St. Anna
Vollmarpark
Münchener Kindl-Heim
Athener Platz
Privatklinik
Priv. Klinik
Giesinger Waldhs.
Sanatorium
Krankenhaus Harlaching
Fachschule für Sozialpädagogik
Waldsportpfad
Schleichstern
Oberbiberger Str.
Sulz-Geräumt
Winkelweg
200m
1=Schrafnagelweg
2=P.-Herzog-Weg
7=Anemonenstr.
1=Am Bienenkorb
2=Bucheckernweg
3=Goldrautenweg
4=Lavendelweg
5=Rittersporweg
6=Strohblumenweg
2
3
4
5
6

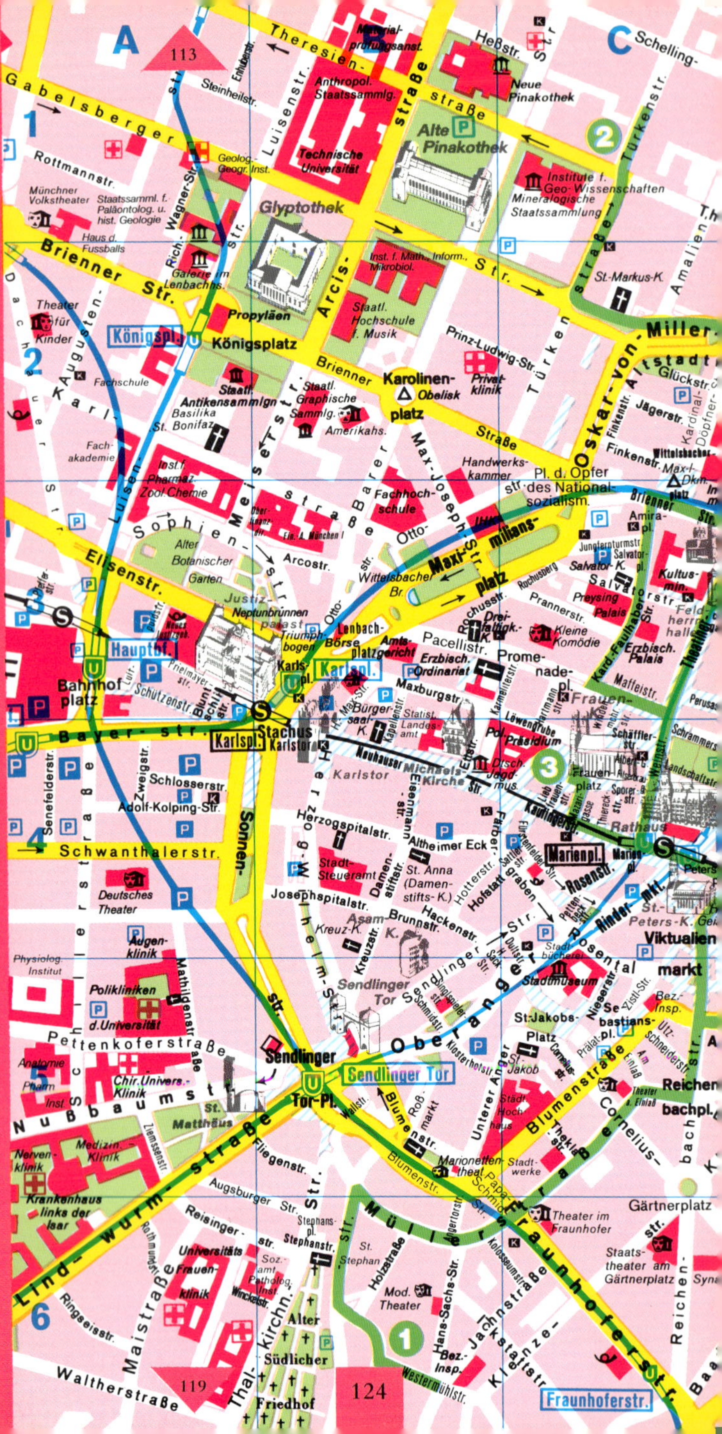

113
119
124
A
B
C
1
2
3
4
5
6
Gabelsberger Str.
Theresien-straße
Material-prüfungsanst.
Heßstr.
Schelling-
Steinheilstr.
Anthropol. Staatssammlg.
Neue Pinakothek
Luisenstr.
Technische Universität
Alte Pinakothek
Türkenstr.
Rottmannstr.
Geolog.-Geogr. Inst.
Institute f. Geo-Wissenschaften
Mineralogische Staatssammlung
Münchner Volkstheater
Staatssamml. f. Paläontolog. u. hist. Geologie
Glyptothek
Haus d. Fussballs
Brienner Str.
Inst. f. Math., Inform., Mikrobiol.
St-Markus-K.
Amalien-
Galerie im Lenbachhs.
Theater für Kinder
Propyläen
Staatl. Hochschule f. Musik
Arcisstr.
Königspl.
Königsplatz
Prinz-Ludwig-Str.
Miller-
Augustenstr.
Privatklinik
Altstadt
Glückstr.
Fachschule
Brienner
Karolinenplatz
Obelisk
Staatl. Antikensammlgn
Staatl. Graphische Sammlg.
Amerikahs.
Jägerstr.
Kardinal-Döpfner-Str.
Basilika St. Bonifaz
Finkenstr.
Dachauer Str.
Karlstr.
Fach-akademie
Barer Str.
Max-Joseph-Str.
Straße
Handwerks-kammer
Pl. d. Opfer des National-sozialism.
Max-I-Dkm.
Oskar-von-Miller
Inst. f. Pharmaz. Zool. Chemie
Meiserstr.
Fachhoch-schule
Sophienstr.
Amira-pl.
Alter Botanischer Garten
Otto-str.
Maximiliansplatz
Jungfernturmstr.
Salvator-pl.
Salvator-K.
Salvatorstr.
Kultus-min.
Elisenstr.
Arcostr.
Wittelsbacher Br.
Prannerstr.
Preysing Palais
Feldherrnhalle
Theatinerstr.
Justiz-palast
Neptunbrunnen
Triumph-bogen
Lenbach-platz
Börse
Dreifaltigk.-K.
Kleine Komödie
Kard.-Faulhaber-Str.
Erzbisch. Palais
Hauptbf.
Amts-gericht
Pacellistr.
Erzbisch. Ordinariat
Promenade-pl.
Karlspl.
Maxburgstr.
Maffeistr.
Bahnhofplatz
Schützenstr.
Prielmayerstr.
Bürgersaal-K.
Statist. Landes-amt
Frauen-
Stachus
Bayerstr.
Karlspl.
Karlstor
Löwengrube
Pol.-Präsidium
Schäfflerstr.
Perusastr.
Schrammerstr.
Neuhauser Str.
Michaels-Kirche
Dtsch. Jagd-mus.
Frauenplatz
Landschaftstr.
Schlosserstr.
Zweigstr.
Adolf-Kolping-Str.
Herzogspitalstr.
Eisenmannstr.
Kaufingerstr.
Färbergraben
Rathaus
Senefelderstr.
Sonnenstr.
Altheimer Eck
Marienpl.
Marienpl.
Schwanthalerstr.
Stadt-steueramt
Damenstiftstr.
St. Anna (Damen-stifts-K.)
Rosenstr.
Petersplatz
Schillerstr.
Hackenstr.
Hotterstr.
Hofstatt
Deutsches Theater
Josephspitalstr.
Rindermkt.
St.-Peters-K.
Asam-K.
Brunnstr.
Kreuz-K.
Kreuzstr.
Sendlinger Str.
Stadt-bücherei
Viktualienmarkt
Augen-klinik
Physiolog. Institut
Sendlinger Tor
Rosental
Stadtmuseum
Mathildenstr.
Polikliniken d. Universität
St. Jakobs-Platz
Nieserstr.
Sebastians-pl.
Bez.-Insp.
Oberanger
Pettenkoferstraße
Sendlinger Tor-Pl.
Sendlinger Tor
Unterer Anger
St. Jakob
Blumenstraße
Utzschneiderstr.
Anatomie
Pharm. Inst.
Chir. Univers.-Klinik
Nußbaumstr.
St. Matthäus
Wallstr.
Roßmarkt
Städt. Hochhaus
Theater a. Einlaß
Reichenbachpl.
Nerven-klinik
Medizin. Klinik
Ziemssenstr.
Blumenstr.
Marionetten-theat.
Stadt-werke
Corneliusstr.
Fliegenstr.
Thalkirchner Str.
Krankenhaus links der Isar
Augsburger Str.
Papa-Schmid-Str.
Theater im Fraunhofer
Gärtnerplatz
Müllerstraße
Lindwurmstraße
Reisingerstr.
Stephans-pl.
Stephanstr.
St. Stephan
Staats-theater am Gärtnerplatz
Universitäts Frauen-klinik
Soz.-amt
Patholog. Inst.
Winckelstr.
Holzstraße
Mod. Theater
Reichenbachstr.
Ringseisstr.
Maistraße
Alter Südlicher Friedhof
Hans-Sachs-Str.
Jahnstraße
Klenzestr.
Fraunhoferstr.
Bez.-Insp.
Westermühlstr.
Waltherstraße
Fraunhoferstr.

114
Englischer Garten
Geschw.-Scholl-Pl. Universität
Universität
Prof.-Huber-Pl. Universität
Veterinärstr.
Universitäts Tierärztliches Klinikum
Monopteros
Radio Freies Europa
St. Ludwigs-K.
Biolog. Vers.-anst.
Bayerische Staatsbibliothek
Bereitsch.-Polizeidirekt.
Grenzpolizeidirektion
Jugendbibliothek
Hauptstaatsarchiv
Bay. Rechn.-Hof
Kaulbach-
Schönfeldstr.
Königin-
Japanisches Teehaus
Himmelreichstr.
Oettingenstraße
Dianastr.
Emil-Riedel-Str.
Widenmayerstr.
Am Hirschanger
Lerchenfeld-
Rosenbuschstr.
Ludwig-
Von-der-Tann-Str.
Landwirtsch.-Ministerium
Prinz-Carl-Pal.
Akad. der sch. Künste
Haus der Kunst Staatsgalerie
Bayerisches Nationalmuseum
Seeaustr.
Prähist. Staatssamml.
Himbselstr.
Galeriestr.
Theater-Mus.
Odeonsplatz
Franz-Josef-Strauß-Ring
Prinzregenten-
Oberste Baubehörde
Reitmor-
Hofgarten-tempel
Krieger-dkm.
Hofgarten
Neue Staatskanzlei
Unsöldstr.
Wagmüllerstr.
Ob. Berg-Amt
Wirtschafts-ministerium
Schack-galerie
Luitpoldbrücke
Herkulessaal
Residenz
Cuvilliés-theater
Sigmundstr.
Christophstr.
Präs. d. Bayer. Rotenkr.
St. Anna-klinik
Kloster
St.-Anna-K.
St.-Anna-Pl.
Liebigstraße
Bez.-Fin.-Dir.
Alexandrastr.
Landesverm.-Amt
Karl-Scharnagl-Ring
Theater i. Marst.
Marstallplatz
Resid.-Theater
Lehel
Triftstr.
Rob.-Koch-Str.
Thierschplatz
Theater der Jugend
Reitmorstr.
National-theater
Marstallstr.
Wurzerstr.
Herzog-Rudolf-Str.
Kleine Freiheit
Bürkleinstr.
Gewürzmühlstr.
Pfarrstr.
Bayer. Versich.-Kammer
Sternstraße
Münzhof
Maximilianstraße
Falkenturm
Am Kosttor
Kammerspiele i. Schausp.-Hs.
Reg. v. Ob.-Bayern
Kl. Komödie a. Max II Dkm.
Maximilianeum
Pfisterstr.
Platzl
Werkraumth.
Völkerkde-Mus.
Max II Dkm.
Widenmayerstr.
Prater-
Max-Planck-Str.
Hildegardstr.
Knöbelstr.
Maximiliansbrücke
Wasserwirtschaftsamt
Hofbräuhs.
Ledererstr.
Hochbrückenstr.
Herrnstraße
Haus der Pädagogik
Stollbergstr.
Wimmerstr.
Knöbelstr.
Adelgundenstr.
Mariannenstr.
Mariannen-platz
Mann-St.-hardt-str.
St. Lukas-K.
Steinsdorfstraße
insel
Alpines Mus.
Bayr. Landtag
Radlsteg
Isartor
Valentin Musäum
Kanalstr.
Liebherrstr.
Thierschstraße
Grutznerstr.
Sportplatz
Hofbräukeller
Isartor
Isar
Meilerweg
Staatl. Hofbräuhs.
Nikolai-K.
Innere Wiener Str.
Frauenstraße
Oberanger
Fraunhoferstraße
Aventinstr.
Zweibrückenstr.
Auf der Insel
Ludwigsbrücke
Volksbad
Kellerstraße
Gasteig Kulturzentrum
Am Gasteig
Rosenheimer Str.
Eggernstr.
Preysingpl.
St. Johannes-K.
Preysingstr.
Holzhofstr.
Baaderpl.
Morassistr.
Deutsches Patentamt
Kohlstraße
Europäisches Patentamt
Erhardtstr.
Bibliotheksgeb.
Boschbrücke
Kongreßsaal
Zeppelinstraße
Am Lilienberg
Hochstraße
Gesundh.-amt
200 m
Steinstr.
Museumsinsel
Deutsches Museum
Corneliusbr.
Paulanerplatz
Kreuzpl.
Lilienstr.
125
Rablstr.
120
Schlotthauerstr.
Weißenburger Platz

LEGENDE CITYATLAS

7	Autobahn mit Nummer Motorway with number	i	Tourist-Information Tourist information centre
12	Schnellstraße/Bundesstraße Motor highway/Federal road	S E	Krankenhaus/Schule Hospital/School
	Hauptstraße Mainroad	F P	Feuerwehr/Polizei Fire station/Police station
	Übrige Straßen/Weg Other roads/Footpath	J Y	Campingplatz/Jugendherberge Camping site/Youth hostel
	Straßen in Bau/Planung Roads under construction/projected		Post Post office
	Fußgängerzone/Einbahnstraße Pedestrian zone/One-way street		Försterei Forester's lodge
	Eisenbahn mit Bahnhof Railway with station		Einzelne Bäume Isolated trees
	Güter- und Industriebahn Freight and industrial railway		Sendeanlage/Leuchtturm Transmitting station/Lighthouse
U U7 U6 M	U-Bahn/Stadtbahn Underground/Light Rail		Denkmal/Mühle/Windmühle Monument/Mill/Windmill
641 698	Bus/Straßenbahn mit Endhaltestelle Bus/Tramway with terminus	K B C E C A	Konsulat/Botschaft Consulate/Embassy
	Fähre Ferry	P P P	Parkplatz/Parkhaus/Tiefgarage Car park/Parking house/Under-ground car park
	Wald/Park Forest/Park		Hallenbad Indoor swimming pool
	Friedhof, Weinberg Cemetery, Vineyard		

Marco Polo Spaziergänge

1 Schnäppchenjagd

2 Auf Rollen durch die moderne Architektur

3 München klassisch bayerisch

Das Register enthält eine Auswahl der im Cityatlas dargestellten Straßen und Plätze

In diesem Register finden Sie alle Sehenswürdigkeiten, Sachbegriffe, Personen, Hotels,Museen und Restaurants. Die fetten Ziffern verweisen auf den Haupteintrag, die kursiven auf die Fotos.

Sehenswürdigkeiten, Sachbegriffe, Personen

Hotels

Museen

Restaurants

Sehenswürdigkeiten außerhalb Münchens

Was bekomme ich für mein Geld?

München ist ein teures Pflaster. So kostet eine Breze hier 80 Pfennig, weit mehr als in einem kleinen Dorf, eine Maß Bier im Biergarten mindestens 9 Mark und das Autowaschen (zweimal waschen, zweimal trocknen) um die 15 Mark. Der Erwachsene zahlt für die Kurzstrecke im öffentlichen Verkehrsnetz (MVV), also für eine Entfernung von maximal 2 U-Bahnhöfen oder vier Tram-Stationen, 1,80 Mark. Die Tageskarte für das innere Stadtgebiet kostet 9 Mark (Erwachsene), die Partnerkarte 13 Mark. Man findet Übernachtungen von 5 (Jugendliche bis 24 Jahre im Kapuzinerhölzl) bis 3500 Mark (Präsidentensuite im Kempinski Hotel Vier Jahreszeiten, ohne Frühstück). In der Rheinpfalz zahlt man für den Schweinsbraten 10 Mark, für ein Abendessen im Königshof gut das 20fache (plus Wein). Das billigste Mietauto bekommt man für 39 Mark pro Tag bei beschränkten Freikilometern. Ein Ferrari Testarossa dagegen kostet pro Tag 1943,20, der Kilometer 6,73 Mark, Mehrwertsteuer und Vollkasko inbegriffen. In der Innenstadt kostet Parken mittlerweile 5 Mark pro Stunde, und wer beim Sparen erwischt wird, zahlt dann 30 Mark. Kinokarten gibt es ab 9 Mark, die billigste Opernkarte kommt auf 5 Mark, die teuerste Festspielkarte beläuft sich auf 480 Mark. In den Kleinkunstbühnen wie etwa der Drehleier kommt man selten unter 18 Mark rein (Studentenausweis nicht vergessen!), im Wirtshaus Schlachthof verlangt man, neben dem Eintritt, noch 5,80 Mark für eine Halbe Bier. Ein Cocktail im »Schumann's« kostet 15 Mark, und die Leberkäsesemmel ist gar, je nach Lage des Geschäfts derselben (!) Metzgerkette, unterschiedlich teuer. Höchstpreis derzeit in der Rosengasse 3 Mark. Wer eine echt bayerische Lederhose erstehen möchte, muss bereit sein, für das gute Stück zwischen 600 und 1000 Mark auszugeben. Für die Süddeutsche Zeitung zahlt man wochentags 2 Mark, freitags und am Wochenende muss der Leser sogar 2,50 Mark ausgeben. Und wer das Pech hat, sein Auto in München reparieren lassen zu müssen, kommt kaum unter einem Arbeitsstundenpreis von 80 Mark davon.